祝!!

い
わせ●乙女掲示板い。

幸福を呼ぶ!!

乙女ニュース！
1

『うれしいことが起きたのでご報告させて下さい。
友達の誕生日にこのシリーズの本を
２冊プレゼントしたら、
んと、そのお友達に彼ができました！
プレゼントした３日後の大晦日に、
告白されたそうです！』
（読者の方のお便りより一部掲載）

運命の扉をカンタンにひらける魔法のカギ

乙女ニュース！
4

『今までどんなにがんばっても、
どんなヒーリングや励ましの言葉でも、
何の効果もなかったのに、このシリーズの本を読んでみたら、
辛かったことが流れて行き、
今では付き合っている彼が優しくなったり頂き物をしたりと
少しずついいことが増えて行きました』
（読者の方のお便りより一部掲載）

バッグから
幸福。

みんなでお祝いしよう!!

JN238373

史上最大の奇跡♥をあなたに贈ります

魔法の方程式　プリンセス×乙女＝バラ色の未来♥

このたび、全国各地から〝長年の夢が叶った！〟〝理想の恋が叶った！〟〝奇跡が起こった！〟と毎日編集部に喜びの声が届くほどの大反響を呼んだ「魔法のプリンセス レッスンシリーズ」の一環として、『1000年に一度の幸福《しあわせ》をつかむ♥史上最強の乙女のバイブル コレクション』が誕生いたしました。

なぜなら、女性は〝プリンセス〟と〝乙女〟の両方の側面を持っているからです。この2つの側面を高めていくことで、より早く、願った通りの幸福を手にいれることができるのです。

そう、〝プリンセス×乙女〟なら、絶対に、あなたの未来がバラ色にかわります！

どんなおおきな夢も恋も仕事も、ぜんぶ望みどおりに叶えられる魅力が自然とあなたから溢れ出し、1000年に一度の幸福♥さえも、向こうのほうからあなたを迎えに来てくれるようになるのです！

〝魔法の効果〟は、シリーズ全ての作品に共通するものです。

一生しあわせ乙女宣言。

乙女は、幸せになるために生きている。
〝そこそこ〟とか〝まあまあ〟なんかじゃなく、欲張りに。
「誰よりも！」「最高に！」「世界一！」幸せになるために。

もちろん、乙女の辞書に、〝妥協〟という文字はありません。

恋も仕事も夢も何もかも、自分を一番幸せにしてくれるものを
苦労なんてしないで、確実に、ちゃっかり手に入れるのです。

だって、乙女に我慢やしかめっ面は、似合わないもの！

だから、賢い乙女は無駄な努力はいたしません。

ちゃんと自分を幸せにしてくれる、いちばん早くて楽な方法じゃないと
限られた人生の大切な時間を一分一秒たりとも費やす価値はないのだから。

それなら、この『史上最強の乙女のバイブル。』を！

ここには、あなたが探していたもの、全部あります。
ここには、あなたが求めていたもの、全部あります。

今までどうやっても手に入らなかったものを
すべて、そろえて、あなたの心を満たします。

そして、必ず、バラ色の未来をあなたに贈ります！

〝幸せになれない〟〝報われない〟〝満たされない〟乙女の3大症候群を、一発解決！

どんなに朝寝坊したってマスカラは3度塗り、お昼は低カロリーの野菜サラダで済ませ、甘いものが食べたくなっても、歯をくいしばってとにかく我慢。週末は背伸びしてカリスマ美容師のいるヘアサロンと花嫁修業のお料理教室へ……こんなふうに日々『自分磨き』に励むのは、何を隠そう、その先に、特大サイズの幸福《しあわせ》♡が待っていると信じているから。

それなのに、どんなにがんばってもあなたが欲しいと思っているその〝幸せ〟をつかむことができていないのなら、じっと我慢していないで、そろそろ問い直してもいいころ。

「ずっと〝幸せになるために〟がんばってることは、ちゃーんとわたしを幸せにしてくれるものなのかしら？」って。

認めるのはちょっと悔しいけれど、起こる出来事はすべてわたしたちの努力の答えです。

今までの努力をひとつひとつ並べて、〝幸せの公式〟に当てはめてみたら、1＋1＝2となるように、その答えはいつだって正確に出てくるもの。

だから、今まで幸せになるためにがんばってきたことを、頭の中で足してみたときに、「なんだか報われてないぞ?」「がんばってるのに、結果が出てない!」って感じるなら、間違っているのはその〝答え〟として起こった出来事のほうではなく、あなたがしている努力のほう。正確に言えば、あなたが幸せになれない原因だと思い込んで、一生懸命磨き続けているものが、実は〝ホンモノ〟ではないからなんです。

磨き続けても効果がないなら、それは〝ニセモノ〟じゃないかって疑ってみる。

〝ちゃんとコップに水を注げば、満ちていく〟ように、〝ちゃんと幸せを注げば、心の中だって満たされていく〟もの。だからもし、あなたが結構前から、「どんなにがんばっても幸せになれない」「ちっとも努力が報われない」「なんだか満たされない」って感じているなら、それはコップのないところに一生懸命、水を注いでいるからかもしれません。

ずばり言ってしまうなら、あの子みたいに「きれいじゃないから」「可愛くないから」「太ってるから」「生まれつき運が悪いから」「魅力的じゃないから」って、あなたが幸せになれない原因だと思い込んで磨き続けているものは全部、**〝ニセモノの原因〟**です。

ニセモノをいくら磨いたって、結果がでないのは当たり前。そして、このままどんなに我慢をしたり、苦しかったり、大変な思いをして『自分磨き』を続けても、その先にあなたが求めている特大サイズの幸福♡が待っている可能性は、ほとんどゼロに近いのです！

だから、ここでちょっと一息入れて、まずは**〝ホンモノの原因〟**を見つけるのが賢い乙女のやり方。なぜなら、ホンモノの原因は、あなたを幸せにする決定的なカギを握っているものだからです。それさえ見つければ、辛くて苦しい『自分磨き』なんてしなくても、もっと楽に努力が報われ、簡単に心は満たされ、一ミリの狂いもなく、あなたが望んだ通りの特大サイズの幸福♡をちゃんとつかむことができるようになるのです！

じゃあ、〝ホンモノの原因〟はどこにあるの？　それは、この物語の中に。

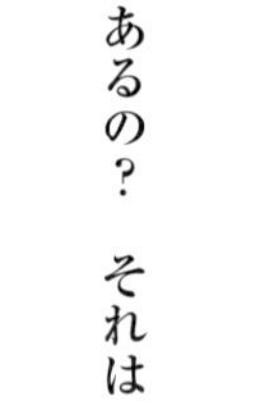

プリンセスのたまご。

むかしむかし、ある王国に、
ひとりのプリンセスが生まれました。

待ちに待った女の子の誕生に父親は大変喜び、
娘が持つ、世界にたった一つの素晴らしい
魅力の証をつくろうと考えました。

そして、国中の職人を集め、世界一の輝きの
〝ガラスの靴〟をつくるように命じたのです。

その中で最も美しい出来映えのものを、
娘の一歳の誕生日にプレゼントしました。

『これは、お前を幸せにしてくれるものなら、
なんでも叶えてくれる〝ガラスの靴〟だよ。

これから、大きくなって
何かが欲しくなったとき、
叶えたいことができたとき、

この〝ガラスの靴〟にお願いしてごらん。

そうすれば、お前の願いはこの輝きに乗って
まっすぐに天に届き、必ず叶えられるから。

だから、何も心配せず、何の不安も抱かず
いつもその笑顔を忘れないでいておくれ』

でも、父親からそのことを聞いた
プリンセスの母親は、こう想いました。

『この子がほんとうに幸せになるためには、
自分でその方法を探さなくてはならないわ！
いろいろなことを考えながら、一生懸命
自分の力で探して手にした幸福こそ
この子を支え、その後もずっと
幸せに守り続けることでしょう』

幼な子は、岩山に捨てよ。
牝狼の乳を飲み、鷹や狐とともに冬を越せば
力とすばやさが彼の手足となるだろう。
（ラルフ・ウォルドー・エマソン／自己信頼より）

そこで、母親は父親を説得し、ガラスの靴を履《は》かせたまま、
娘を目には見えない大きなたまごの中にいれることにしました。

『このたまごのカラをむく方法を本に書いて
世界のどこかの本屋さんに並べておきます。

あなたが、その本と出逢うことができたとき
たまごのカラはむけ、ガラスの靴の輝きがあふれだし
すべての願いがスムーズに叶えられるようになることでしょう！

そのときにこそ、あなたはずっと続く幸福を自分のものにできるのよ』

それ以来、プリンセスのガラスの靴の輝きは、
たまごのカラの中に閉じ込められてしまったのです！

だから、すべてがうまくいきません。

一生懸命欲しいものを願っても、その想いは、全部固いたまごのカラに跳ね返されてしまうのですから。

そう、プリンセスの毎日は、どんなにがんばっても〝幸せになれない〟〝報われない〟〝満たされない〟……

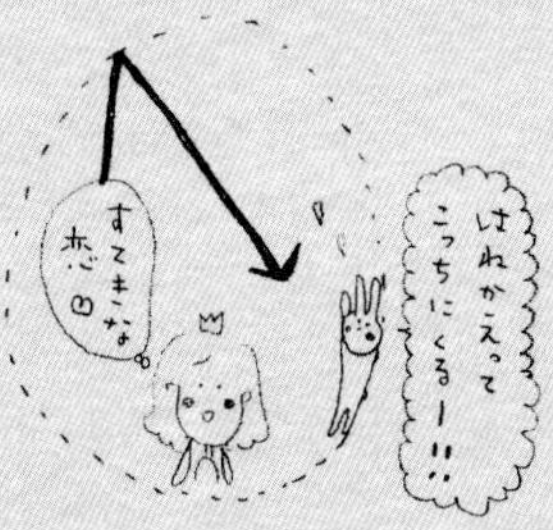

すべてがうまくいかない苦しみに満ちたものなってしまったのです！

でも、たまごのカラは目には見えないものなので、
プリンセスには、その〝ホンモノの原因〟がわかりません。

いくら考えても分からないので、ついに
すべてを自分のせいにしはじめてしまいました。

わたしが可愛くないから、あの子みたいに細くないから
わたしの魅力が足りないから、ちっとも願いが叶わないんだ……。

そう、〝こんなわたしだから、ダメなんだ！〟って自分をすべて否定し、
その原因と思われるものをなくしてしまおうとするようになったのです。

たとえば、大好きだったお菓子を一切我慢し
無理なダイエットに、自分を駆《か》り立てはじめたり……
辛くて苦しい『自分磨き』に明け暮れる日々が続きました。

でも、どんなにがんばっても、欲しいものは手に入りません。

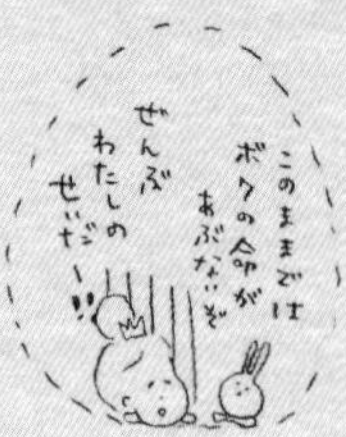

たとえ、体重は減っても、大好きな彼からは振り向いてもらえず……。
たとえ、「きれいになったね！」とほめられても、誰からも愛されず……。

心のどこかで矛盾を感じながらも、
自分を止めることができませんでした。

ああ、何一つとして報われないのに
自分にムチを打って、必死で走らせる
この終わりのない戦いは、どこまで続くの？

そんなある日、本屋さんにふらりと立ち寄ると
一冊の本が目に飛びこんできたのです！

開いたページに描かれていた言葉は……

〝ホンモノの原因は、あなたをつつんでいる
目には見えないたまごのカラにあります！〟

もしあなたが、どんなに〝自分磨き〟に励んでみても、
ちっとも欲しいものが手に入らず、努力が報われずに
夢も恋も仕事も……すべてが思い通りにならなくて

「ああ、どうしてわたしは幸せになれないの？」って考えに考えて
「ああ、どうしてわたしは満たされないの？」って悩みに悩んで

ある日ふと立ち寄った本屋さんで
偶然、この本に出逢ったとしたなら
この物語のプリンセスとは、あなたのこと！

そして、この『乙女のバイブル』こそが、
あなたのために書かれた〝その本〟なのです!!

ホンモノの原因は、あなたが閉じ込められている〝たまごのカラ〟にある！

そう、あなたがいつまで経っても「幸せになれない」「報われない」「満たされない」のは、気づかないうちに、目には見えない〝たまごのカラ〟に閉じ込められちゃっているから！

たまごのカラはとても固いものなので、その中に閉じ込められていると、何かを願ってもすべて跳ね返されてしまうのです。跳ね返された願いは行き場をなくし、あなたのところに戻って来ます。そして、戻ってきたその願いは、こう言うのです。叶わなかったのは、「あなたがダメだから」「あなたの魅力が足りないから」「全部あなたのせいだ！」って。

そう言われたって、わたしたちに反論する余地はありません。なぜなら、たまごの中は真っ暗だから。すべてを叶える力を持ったガラスの靴を履いていることがわからないのです。

だから、たまごのカラの中に閉じ込められていることを知らない限り、願いが叶わない原因やいろいろなことがうまくいかない原因を、〝自分がダメだから〟〝自分の魅力が足りないから〟〝全部自分のせいだ〟と勘違いしてしまうのです。

さらに、この〝自分はダメだと否定する気持ち〟が、どんどんたまごのカラを厚くしてしまいます。すると、ますます願いが叶いにくくなり、また自分への否定を繰り返す……という「幸せになれない」「報われない」「満たされない」悪循環に陥《おちい》ってしまうのです！

だから、絶対！　ヒリヒリするほど、磨いちゃダメ。

それなら、なんとかしてそこから抜け出し、願いを叶えたいのが乙女心というもの。
その方法を必死で探して、やっとの思いで辿り着くのが、いわゆる『自分磨き』です。
でも、それは、〝自分磨き〟という名の〝自分削り〟。願いが叶わないのは、「自分にダメなところがあるから」だと思い込み、ニセモノの原因を削ったり、なくそうとすることで、その問題を解決しようとしてしまうのです。
でも、それはあなたが幸せになれないホンモノの原因ではありません。だから、どんなにがんばってヒリヒリするほど磨いても、結局、あなたの欲しい幸せは手に入らないのです。

だから、貴重な時間やお金をかけて『自分磨き』に励むなら、ちゃんと確認することが大切。

「わたしが今がんばって磨き続けているものは、たまごのカラの存在を知らなくて、そう思い込んでしまっただけの〝ニセモノの原因〟じゃない？」って。

もし、そうなら、一刻も早くやめるべき。だって、ニセモノをどんなに磨いてみたって、いつまでたっても、あなたが求めている〝ホンモノの幸福〟は手に入らないのですから。

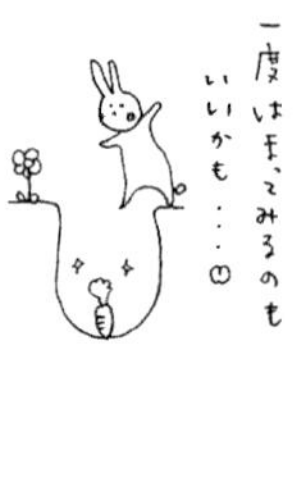

賢い乙女は、カンチガイの罠に、はまるべからず。

たまごのカラの存在を知らずに、自分を否定する気持ちで『自分磨き』を続けるのは、亀の子ダワシで身体を洗うようなもの。そんなことをしたら、やわらかい肌は真っ赤になって、傷だらけになってしまいます。その上、たまごのカラはどんどん厚くなり、あなたの願いはますます叶いにくくなってしまうのです！

そう、辛くて苦しい『自分磨き』で実際に起こっているのは、あなたの願いとは逆のこと。

そんな自分磨きを続けていくと、ついには、ガラスの靴にまで危険が生じます。なぜなら、**あなたが履いている美しいガラスの靴の輝きは、そのままであってこそ、まっすぐに天に届き、あなたの願いを叶えてくれるもの**だから。自分否定という名の亀の子ダワシで磨きすぎると、その輝きはどんどんねじ曲がり、ここぞというときに、本来の力を発揮できなくなってしまうのです。

だから、絶対にヒリヒリするほど磨いちゃダメ。痛かったり、苦しかったり、大変だと感じるなら、その痛みの裏に隠されているのは、間違いなく自分を否定する気持ちなのです。そんな『自分磨き』をいくら続けたって、今よりよくなることは一つもないのだから。

そう、ホンモノの原因は、あなたが閉じ込められている目には見えないたまごのカラ。それに気づかないことから生まれる小さなカンチガイがすべての悪循環の始まりなのです！

でも、どんな言い訳をしたってカンチガイの罠に自分を陥《おとしい》れてしまったのは自分自身。そして、**その罠の中から、あなたを救い出せるのは、世界でたったひとりあなたしかいない**のです。だから、ここでちょっと自分に聞いてみてください。

あなたは、自分自身を無味乾燥な自分否定のおわりなき戦いの中に置きっぱなしにしていませんか。磨いたつもりが削り取られ、痛みばかり募るのに、欲しいものは一つだって手に入らない……そんな愚かな戦いは、賢い乙女のすることではありません！

だって、限りある人生の貴重な時間。一秒一秒がこの一瞬だけのもの。
そう、一刻も早く、わたしたちは幸せにならなくてはいけないのです。

だから、今すぐこの〝乙女れしぴ〟を使って、その罠から抜け出し、あなたが閉じ込められている固いたまごのカラをやわらかくしていきましょう。そうすれば、ガラスの靴の輝きは解き放たれ、あなたを幸せにするものすべて、魔法のように手に入れることができるようになるのです。夢も、恋も、仕事も……もちろん、痛いことなんて一切しなくても。

それでは、乙女れしぴ基本の〝き〟からはじめましょう！

乙女れしぴ

基本の〝き〟

あなたを一番幸せにしてくれるものは、
そのままのあなたで、すべて手に入る。

だって、乙女は、幸せになるために生きているの！　だからこそ、すっぱり。

もちろん、わたしたちは、何でもかんでも手に入れたいわけじゃありません。ちゃんと自分を幸せにしてくれるものを手に入れたいのです。

そう、わたしたちの頭の中で欲しいものを手に入れることと、幸せになることはセットになっているもの。欲しいものを手にすれば、幸せになれると思うから、それを手にしたいと思うのです。どんなに欲しいものを手に入れることができたって、幸せになれなくちゃ意味がありませんよね。望んだ仕事に就けても激務で身体を壊してしまったり、すてきな恋人と付き合えても誕生日や記念日をすっぽかされたりしたら……そんなの問題外！

つまりわたしたちの努力の全ては、結局〝幸せになるため〟のものなのです。

幸せになれる恋人となら付き合いたいし、幸せになれる仕事ならしたい、幸せになれる家なら住みたいし、幸せになれる結婚ならしたい……そう、乙女たちにとって〝幸せ〟とはなくてはならないもの。それは、常に優先順位ナンバーワンの最重要課題なのです。

だからこそ、幸せになれないものを手に入れるための努力なんてしている暇はないし、もっと言えば、自分を幸せにしてくれないものなんて、いらないのです！

でも、安心してください。**あなたが望むもので、かつ、あなたを一番幸せにしてくれるものは、そのままのあなたでちゃんと手に入るようになっている**から。それは、「りんごが熟せば、木から落ちる」という自然の法則と同じような〝きまり〟なのです。

だから、手に入らないものがあったら、それは、あなたを一番に幸せにしてくれるものじゃないということ。そう、わたしたちが欲しいのは、いつだって〝一番！〟なのだから。

一番幸せにしてくれるものが他にあるのに、二番目とか、三番目なんていらないですよね。

だから、**〝手に入らなかったものは、わたしを一番幸せにしてくれるものじゃなかったんだ〟**ってすっぱりと割り切ること。そして、何かが叶えられなかったとき、何かが手に入らなかったときに、**「わたしがダメだから……」って絶対に自分を否定しない**こと。

これが、たまごのカラをやわらかくしていくための大切なはじめの一歩なんです。

そう、あの日、叶わなかった恋は「〇〇ちゃんみたいに可愛くなかったから」ではありません。彼氏にフラれたのだって、「わたしが全然すてきじゃないから」ではありません。

それは、〝あなたを一番幸せにしてくれるものじゃなかったから〟。ただそれだけなのです。

乙女れしぴ

基本の〝ほ〟

手に入らなかったものは、あなたを
幸せにしてくれなかったものである。

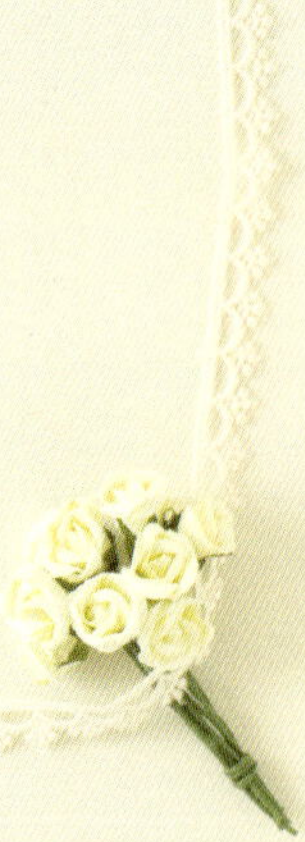

『わたしは、とてもコンプレックスがあって、気分が安定しないことも多かったのですが、最近は毎日を穏やかに過ごせるようになってきています。

それから、懸賞に当たるようになったり、欲しいなあと思っていたものをグッドタイミングでいただいたり、お店の店員さんが行く先々で親切にしてくださったり……この間も、守られている、ありがたいなあ～と感じる出来事がありました！

そうしたら、ずっと昔からの夢に近付けそうなお話しがやってきてくれたのです！　予想外だったので、「えっ！　こんなところから？」とビックリでした。でも、とってもうれしくて…♡

このチャンスを活かせるよう、これからも実践し続けていきます！』

（編集部に届いたお便りを一部編集し、掲載させていただきました）


乙女ボイス。

特大サイズのスペシャルな幸福♡を手に入れる秘法、ここにあり！

何を隠そう、**あなたがずっと求めている特大サイズのスペシャルな幸福♡を手に入れるための力は、〝そのままのあなた〟にこそ、備わっている**のです。

ほら、プリンセスが履いていたガラスの靴を思い出してください。あなただって、目には見えないけれど、ちゃんとガラスの靴を履いているのです。

だから、あとはたまごのカラをやわらかくし、その輝きを解き放てばいいだけ！

たまごのカラをやわらかくする〝ふんわり♡まろやか生活〟のすすめ。

でも、あなたが閉じ込められているたまごのカラは力ずくで破ったり、一気にむけるものではありません。毎日の暮らしの中で、少しずつ、少しずつやわらかくしていくことで、ある日、気づいたら全部むけちゃっているものなんです。

だからこそ、**特別なことをするのではなく、毎日の暮らし方がいちばん大切**です。

ずばり、たまごのカラをやわらかくするには、**〝ふんわり♥まろやか生活〟**を送ること。〝ふんわり♥まろやか〟とは、あなたが感じるいい気分のこと。それは、心がおだやかで、なんだか幸せな状態のことです。ふんわり♥まろやかにすごすための基本は、**毎日の中で起こるひとつひとつの出来事を〝ふんわり♥まろやか〟で受け入れる**こと。

たとえば、イライラすることが起こったときも、〝ふんわり♥まろやか〟に。イヤなことが起こったときも〝ふんわり♥まろやか〟に。思い通りにならないことが起こったときも〝ふんわり♥まろやか〟に。こんなふうに、**トゲトゲした自分の気持ちを〝ふんわり♥まろやか〟で和らげるたびに、たまごのカラはどんどんやわらかくなっていく**んです。

また、いつも持ち歩く小物を〝ふんわり♥まろやか〟な手触りのものにしてみることや、いつも着る洋服を〝ふんわり♥まろやか〟な雰囲気のものにしてみること……など、いつも身の回りのあるものを〝ふんわり♥まろやか〟にしてみることも効果的。こんなふうに、毎日の中でちょっと〝ふんわり♥まろやか〟を意識して生活してみるだけでいいんです。

たまごのカラがやわらかくなりはじめた合図は、毎日の暮らしの中で「なぜかタイミングのいいことが起こるようになったぞ！」とか「最近、ついてるかも♪」というように、不思議といろいろなことがスムーズに流れはじめたとき。たとえば、「今日は残業したくない」と思っていたら「早く帰っていいよ」と言われたり、電車の中で「今日は座りたいな」と思っていたら、目の前の席が空いたり……というように、**ちょっとした想いがすぐに叶うようになってきたら、たまごのカラがやわらかくなりはじめているという合図**です。

また、たまごのカラがやわらかくなりはじめるまでに時間はかかりません。〝ふんわり♥まろやか〟を意識しはじめた直後からいいことが起こりはじめちゃうくらい、早いんです。だから賢い乙女は、ヒリヒリするような『自分磨き』よりも、幸せな自分にやさしい、かつ絶大な効果のある〝ふんわり♥まろやか生活〟を実践しはじめているんです！

〝ふんわり♥まろやか生活〟の柱は、毎日の中の小さなしあわせ時間。

また、ふんわり♥まろやか生活に欠かせないのが、毎日の中の**小さなしあわせ時間**です。

だから、毎日の中のちいさな幸せを疎《おろそ》かにしないこと。ショッピングをしたり、好きな映画を見たり、お散歩をしたり、読書をしたり、空の雲の流れに目を細めたり、道端に咲く一輪の花にみとれたり……何気ない穏やかな暮らしの中に溢れている「あ〜しあわせ♡」を感じる時間こそ、たまごのカラをどんどんやわらかくしてくれる魔法の時間なのです。

その他にも、ケーキを食べるときの「おいしい〜♪」時間、彼と手をつないで街を歩くときの「うれしい♪」時間、あったかいカフェオレを飲むときの「ほっ♪」とする時間など、どんなささやかな一瞬でもあなたの心がやさしくていい気持ち＝ふんわり♥まろやかになったとき、たまごのカラは、ぐんぐんやわらかくなっていくのです。

そうすると、たまごのカラの外にガラスの靴の輝きが少しずつ届くようになり、**自然とあなたの願うものが向こうのほうから迎えにきてくれる**ようになります！

だから、大切なのは、毎日の中のちいさな幸せ。今あなたの目の前にある、手を伸ばせばすぐに掴めるちいさな幸せを後回しにしないことが、ふんわり♥まろやか生活のはじまりです。

そう、あなたの心がちいさな幸せを感じるその瞬間を「そんなの後でいいや！」と後回しにしてしまうことは、たまごのカラをやわらかくするチャンスを逃してしまっているのと同じこと。それは、とてももったいないことなのです。

わたしたちは、いつかではなく、今、幸せでいなくてはいけないのです。今、幸せを感じていない状態ならば、たまごのカラは、どんどん固くなっていくばかり。今我慢すればいつかはきっと幸せになれる……なんて幻想に過ぎません。あなたが手に入れたいと願っている幸福は、特別なことをすることではなく、辛くて苦しい我慢だらけの『自分磨き』でもなく、何気ない日々の暮らしの中で、ちいさな幸せを感じる時間をたくさんつくり、たまごのカラをやわらかくしていくことで、簡単に手に入るものなのです。

こんなふうに、幸福を追いかけるのではなく、**幸福に迎えに来てもらうようにすること＝幸福が迎えに来れるような環境を調える（たまごのカラをやわらかくする）こと**こそ、無理をせずに特大サイズのスペシャルな幸福♡を手に入れるための〝乙女の秘法〟なのです！

乙女れしぴ

基本の“ん”

今のちいさな幸せをつみかさねれば、
未来のおおきな幸せは必ず手に入る。

幸せになるためには、もちろん今、幸せの道を歩くことでしょ♥

〝幸せになるためには苦しい思いをしなくちゃいけない〟そんな神話があるようだけど、「盲信してはいけない」って仏陀が言ったように、どんなに偉いひとが言った言葉だって、それがそのとおりか、そうじゃないかは、わたしたちがそれぞれに感じてから決めること。

確かに、苦しみや我慢を感じたあとは、すべてが幸せに映るものです。息を止めていれば、それまで気づかなかった空気のありがたさを心から感じるように、何か辛いことがあったあとには、今まで当たり前だったものの尊さが身にしみます。でも、苦しみに顔を歪《ゆが》めたからといって、そのぶん幸せになれるというわけではありません。

そう、**〝幸せ〟は〝苦しみ〟と引き換えに渡される切符なんかじゃない**のです！

何かに辿り着く道がたったひとつだけではないとするなら、幸せに辿り着く道もひとつだけじゃないはず。もちろん、苦しみを経るという道もそのひとつかもしれないけれど、他の道だってあります。どの道を歩むかは、いつだって、あなたが決められるのです！

賢い乙女の歩む道は、名づけてコツコツ〝しあわせ貯金〟の道なり。

未来に手に入る幸福の量は、**今の小さな幸福をどれだけ心の中に〝貯金〟したか**で決まります。つまり、今の小さな幸福を心の中に貯めた分だけ、未来に大きな幸福が手に入るようになるということです。

幸せと交換できるのは、もちろん幸せの形をしたお金だけ。苦しみや辛さをいくら心の中に貯め込んでみたって、それを幸せと交換することはできないのです。

幸せを貯金するためには、幸せだけを数えることです。今日一日の中で、あなたが数えた分の幸せが、あなたの心の中に貯まります（どんな大きな幸せも、どんな小さな幸せも、心の中に入ったら全部〝同じ大きさ〟になってしまいます）。

お金がたくさん貯まればすてきなものが買えるように、小さな幸せが心の中にある程度貯まると、自動的に大きな幸福に変わり、あなたのもとに届けられるのです！

たとえば、理想通りのすてきな彼と出逢えたり、ずっと願っていた夢を叶えるチャンスが巡ってきたり……だから、賢い乙女の歩く道は、苦しみに顔を歪めて歩く道ではなく、**毎日の中でコツコツとちいさな幸せを貯金しながら歩む〝しあわせ貯金〟の道**なのです！

そう、だれよりもすてきな幸せをつかみたいと願うほど、今のちいさな幸せが大切です。

だから「小さな幸せなんてチンケなものいらないわ。わたしが欲しいのは大きな大きな幸せなの♡」なんて言ってないで。ちりも積もれば山となるというように、おおきな幸せは、ちいさな幸せを積み重ねて、丁寧につくりあげるひとつの作品のようなものなのだから。

この一秒の幸せを疎かにしては、いつまで経っても幸せになることはできないのです。

『人生とは、今日一日のことである』デール・カーネギー

乙女の鉄則

幸せになるために、
いばらの道なんて
歩く必要一切なし。

『こんにちは！　この本に出逢うまで、幸せになるには苦労がその分、必要だと思っていたので驚いたんです。でも今は、それがどんなに大切なことか分かったんです。この半年間に叶えてくれたすてきな出来事がそれを証明してくれたから！

一番大きかったことは、推薦入試で大学に合格できたことです。その入試は自己アピール力を重視するもので自分にはアピールするところがないと思っていたわたしは、困ってしまいました。そのときに、この本に書いてあることを試してみたんです。

そうしたら、不思議なほど緊張せず、自分らしくできました。一週間後、インターネットで見つけた合格番号に、感激しました。友達もとても喜んでくれて、学年で一番最初の合格者のひとりになれました。

さらに、住むところを探していたら、不動産屋さんもお勧めのいいアパートがちょうど一部屋空いて、春から住めることになったんです！

また、日常生活でもたくさんのいろんな嬉しいことが起こるようになりました。びっくりしたのは、急にいろんな友達から「かわいい！」と言ってもらえるようになったことです。とってもうれしいことの一つです。

ふとしたときに、小さいけど気持ちが幸せで満たされるようなことがいっぱいふり注ぐようになりました。今まで自分をせめて、傷つけてばかりだったわたしが、前より全然、大切にしてあげることができるようになりました。今こうしてお気に入りの曲を聴きながら、感謝の気持ちをこうしてお手紙に書けることも、ビックリしちゃうほど幸せなんです。

毎日本を読んで、幸せのパワーをたくさんもらっています！』

（編集部に届いた読者の方からのお便りを掲載させていただきました）


乙女ボイス。

さあ、今こそ乙女れしぴで〝ホンモノの幸福〟をつかむのだ♡

街を歩けば、雑誌を開けば、テレビをつければ……『自分磨き』を勧める広告を見かけない日はありません。だから、誰もが一度はカンチガイの罠にはまってしまうもの。それは、仕方のないことなのです。でも、罠からは早く抜け出すに、こしたことはありません。

そのためには、**今ここで、あなたは生まれつき、あなたの願いを全て叶える力を、あなたを幸せにするもの全てを手に入れる力を持っているのだと信じる**こと！　その力は今、目には見えないたまごのカラの中に閉じ込められてしまっているだけなのだから、たまごのカラをやわらかくして、その力を解放するだけでいいのです。

そして、たとえ自分一人しかいなくても、**自分で自分の味方になり、自分自身を肯定し続ける**こと。それから、毎日の中で自分で自分にやさしくし、自分で自分を甘やかし、自分で自分を喜ばせ、毎日に散らばっているちいさな幸せを今すぐかき集めて、心を幸せでいっぱいにしちゃうこと。そうすれば、いつか、自然とカラがむける日が必ず来ます。

でも、「最短キョリで、たまごのカラをむいちゃいたい！」って、乙女なら誰でも思うもの。

そんなあなたのために、「5つの乙女れしぴ」をご用意しました。

これからご紹介する「5つの乙女れしぴ」をつかえば、
たまごのカラがむけるその日を一気に近づけることができます。

そう、ヒリヒリするほど自分を磨く辛いだけの日々は、今日で終わり！

〝命短し恋せよ乙女〟というけれど、平均寿命が80歳を超え、
乙女の命がたとえ短くなくなったって、いつかは終わるこの命。

一秒だって、無駄にしている時間はないのです！

それなら、そろそろ、この乙女れしぴで、
ホンモノの幸福をつかみに行かなくちゃ♡

1
バラ色の明日を
あなたに運ぶ
乙女れしぴ。
2
誰もがあなたに
うっとり夢中に
乙女れしぴ。
3
すべてを叶える魅力を
その手に
乙女れしぴ。

あなたにバラ色の未来を約束する

5つの乙女れしぴもくじ。

④
夢みた未来の
はじまりを約束
乙女れしぴ。
⑤
1000年に
一度の恋をつかむ
乙女れしぴ。

さあ、5つの乙女れしぴのはじまり♡はじまり

1

それでは、ひとつめの乙女れしぴから。

これであなたの毎日が、バラ色に♡

『人間の一生を支配するのは運であって、知恵ではない』キケロ

※まずは、準備から。

実は、５つの乙女れしぴには、あなたの他にもうひとり、大切な登場人物がいるんです。

それは、〝運〟！

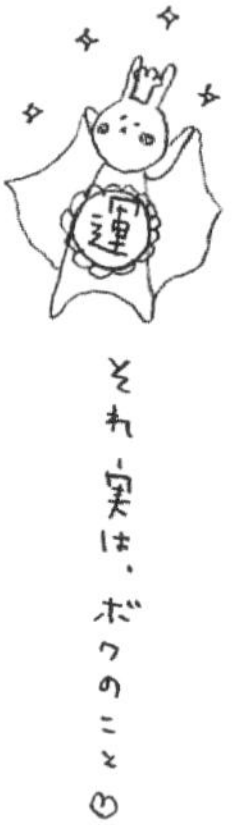

ここで言う〝運〟とは、宝くじを買うような特別なときにだけ働くものではありません。

実は、毎日の中でいつも風が吹いているように、毎日の中でわたしたちに起こる出来事は、すべて〝運〟が運んでくれているものなんです。イヤなことも、いいことも、どんな小さなことも、どんな大きなことも。

そう、**わたしたちの毎日に起こる出来事を決めているのは、〝運〟**だったんです！

だから、〝運〟から好かれたら、怖いものなし！　なぜなら、あなたが好きなひとに、いいことをたくさんしてあげたいと思うのと同じように、運だって好きになったひとには、

いいことをたくさん贈ってあげようとするからです。

さらに、自分の力ではどうにもできないと思っていた大きなことだって、〝運〟の協力さえあれば、簡単に動かせるようになります！　たとえば、恋がはじまるタイミングをお互いにとって一番いいときに調整したり、絶対に合格したい試験で、昨日勉強したばかりのところがでたり……というように〝今まで神様に頼むしかなかった部分〟さえも動かし、常に、望む以上の最高の結果を出すことができるようになるのです！

〝運〟と手を組む秘法、ここにあり！

だから、乙女れしぴは、まず〝運〟と手を組むことからはじめます！

〝手を組む〟というのは、言い方を変えれば〝味方になってもらう〟ということ。

味方になってもらうためには、とにかく、好きになってもらうこと。

そして、相手に好きになってもらうためには、まず相手のことを知っておくことが大切です。そう、運の特徴について知っておくことが、運に好かれる一番の近道なんです！

実は、〝運〟の性格には、たったひとつだけ大きな特徴があります。それは……

〝運は、あなたに一番いいことしか運ばない〟というものです！

「えーっ！　そんなことないよ！　イヤなことだってたくさん起こるもん！」ってあなたは言うかもしれません。でも、**イヤだと感じることだって、ほんとうは、全部あなたにとって〝一番いいこと〟**なのです。

それなのに、「イヤなことが起こった！」ってカンチガイしちゃうことがあるのは、わたしたちよりも、運のほうがずっと大きな存在だから。運は、現在過去未来のすべてを見渡せる大きな目を持っています。それに比べて、わたしたちが持っているのは、今この瞬間を見つめつづけるだけで精一杯の小さな目。だから、運がその出来事の中に込めた〝本当の意味〟を一瞬で理解することができないことがあっても仕方ないのです。

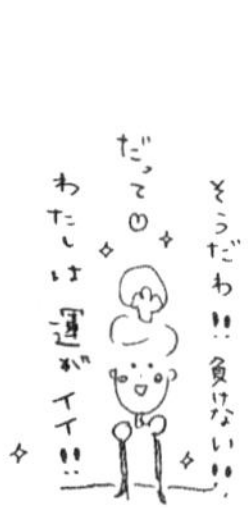

1 だから、まず、とにかく信じること！

運は、あなたを超えた大きな存在です。あなたはまだ気づいていないけれど、本当にあなたにとって役立つこと、あなたがもっとすてきに輝くために必要なこと、あなたが成長するために大切なことをすべて分かっているものなのです。

だから、とにかく運を信頼しましょう。信頼するとは、**自分に起こる出来事は全部一番いいことなんだと思い込むこと**です。「イヤだな」と感じることが起こっても、それはあなたのカンチガイ。その出来事に〝運〟が込めた本当の意味に気づいていないだけなんです。

そう、今あなたの目の前で起こっている出来事は、もっと幸せになるために必要なものを教えてくれているのです。それは、出来事の表面ではなく、奥深くに隠れていることが多いもの。だから、一見イヤなことも、あなたをもっと幸せに導くため、あなたをもっとすてきに輝かせるために起こった、**絶対にあなたにとって〝一番いいこと〟**なのです。

だからこそ、どんなときも運を信じることが大切です。たとえその時は分からなくても、「これは、自分にとって一番いいことなんだ。いつか、一番いいことに変わるんだ！」って。

こんなふうに、運の性格の特徴を知り、運があなたに一番いいことだけを運んでくれる**〝自分の味方〟**なんだと、とにかく信じてみることが、運と手を組むはじめの一歩です！

❷ 次に、一歩ゆずってあげること♡

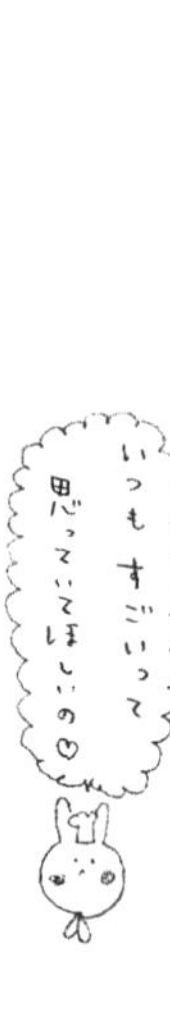

だから、たとえ「イヤだなあ」と感じることが起こっても、もしかしたら自分の考えに足りないところがあるのかも……というように、とにかく**一歩ゆずってみる**こと。

たとえば、イヤなことが起こった場合は、こう感じることが多いものです。「イヤなことが起こった」↓「ああいやだ」↓「もういやだ」↓「最悪だ」↓「はぁ（ため息）」。

でも、ちょっとまった！　最後まで行き着く前に思い出してください！　**出来事は全て、運が運んでくれるあなたにとって〝一番いいこと〟**だったでしょ？　そう、いつだって出来事は間違っては起こりません。急に「イヤなこと」になっちゃったり「あなたを苦しめるだけのもの」になるなんてことは、絶対にないのです。そう、「イヤなことが起こった！」と感じたら、それは、自分の解釈に何か足りないところがあるとき。だから、賢い乙女は、ここで一歩ゆずって、〝運〟に花を持たせてみるのです。「あれ？　わたしの勘違いかな？」「わたしの捉え方に足りないところがあったのかな？」というように。

そう、ひとつひとつの出来事は、わたしたちを超えた大きな〝運〟が運んでくれるもの。だから、**起こる出来事に立ち向かわず、戦わず、反抗せず、まずは自分の中をふり返って、**

カンチガイの原因を見つけようとすることが大切なんです。

また、〝一歩ゆずる〟というのは、運を自分よりすごい存在だと認めているからこそできること。こんなふうに「わたしより、あなたのほうがすごいのよ♡」って敬意を示されると、運はあなたのことを大好きになってしまうのです！

こんなふうに、毎日の中でイヤなことが起こったと感じる度に、**「これは、自分にとって一番いいこと！」**と言い聞かせ、そう信じていくことで、運との仲をどんどん深めていくことができるのです。

❸ さらに、運の後ろから、三歩下がってついていくこと。

さらに、こんなことを心がけると、ますます運との関係はよくなります。それは、**いつも運の後ろから三歩下がってついていく**こと。つまり、〝いつも運に守られているからだいじょうぶ。わたしには、絶対イヤなことは起こらない〟って安心しているということです。**安心した気持ち、リラックスした気分は、何よりも運を信頼しているという証**。だから、ただそんな気分でいるだけで、運との信頼関係を揺るぎないものにすることができるのです。

運への敬意こそ、自分を磨く最高の〝魔法〟なり。

このように毎日の中で運を〝①信じる〟〝②一歩ゆずる〟〝③三歩下がってついていく〟を心がけ、できるだけ運に対して敬意を持って接するようにすると、特別な『自分磨き』をしなくても、あなたの中から誰もがうっとりするような魅力が溢れだすようになります。

その結果として、周りから褒められることが多くなったり、急にモテモテになったり、誰からも愛されるようになったり、彼氏ともっとラブラブになれちゃったり……あなたが今『自分磨き』をして手に入れようとしているもののすべてが簡単に手に入ってしまうのです。

そう、**運に対する〝敬意〟こそ、あなたを何よりも輝かせる魔法の力**なのです！

だって、すべてを動かしているのは、〝運〟なのですから。それは、他のどんな方法で『自分磨き』をするよりもあなたの魅力を高め、あなたを最高に輝かせ、さらに、ちゃんと望む通りの結果がついてくるいちばん確実な方法なのです。もちろん、痛くも辛くもなく、大変な思いや、苦労なんてすることもなく、お金や時間をかけることもなく！

そう、毎日の暮らしの中で、運に対して敬意を持って生活することこそ、わたしたちを磨き、輝かせ、ちゃんと幸福で満たしてくれる『**新・自分磨き**』**の方法**だったのです！

敬意＝とうといものと認めてうやまうこと。

なんで、そんなにすごい効果があるのかというと……♡

わたしたちの祖先が初めて生まれたのは、海の中だったと言います。

そう、わたしたちを育ててくれたのは、大きな自然です。そして、**〝運〟もまた、海や山や風のように、大きな自然の一部**なのです。だから、運に敬意を払うということは、自分をここに誕生させてくれた大きな自然に敬意を払うのと同じこと。それは、わたしたちを生み、育ててくれた両親に敬意を払うのと同じことでもあるのです。だからこそ、運に対する敬意は何よりも、わたしたちの授かったガラスの靴の輝きを磨き高めてくれるのです。

そして、それは一瞬の幻じゃない、表面的なお飾りでもない、あなたの世界でたったひとつの素晴らしい魅力をしっかり高め、ちゃんとすべてを叶える輝きになっていくのです。

もし、あなたが今すぐに、運への敬意を持ちながら、毎日暮らしはじめれば、1年後には、あなたの夢みていたものがずらりと目の前に揃《そろ》っていることでしょう！

そう、賢い乙女は知っているのです。運に敬意を持って毎日を暮らすことこそが、一番効果的な『自分磨き』の方法なんだと。そして、それこそが自分の願ったとおりの特大サイズのスペシャルな幸福♡を確実に手に入れられる、たったひとつの方法なのだということも。

『わたしは高校でバトン部に入っていて、部長をやっています。練習もハードだし、チームワークが大切なので、人間関係がうまくいかなかったりいろいろなプレッシャーを感じるようになり、すぐに落ち込んだりしてしまう自分の弱さが嫌いでした。でも、この本を読んでから、自分のことが少しずつ好きになれ、部員に優しく接することができるようになりました。

そして、8月に行われた全国大会では、優勝することができました！

本当に夢のようで信じられませんでした。わたしたちのチームは、一個上の先輩が全員部活をやめてしまい、先輩がいない中、練習をして大会に出場したので、他のチームより不利な状況だったのです。それなのに!!

その上、いくつかの賞をいただいて、トロフィーが3つにもなってしまいました。

この本の力はこんなにも強力なんだと驚いてしまいました！

そのほかにも、このシリーズの本をいつも自分のそばに置いておいたら、たまたま食べたかったケーキが家にあったり、カッコいい先輩と仲良くなれてメールまでできるようになったり、本屋さんで売り切れてしまっていた雑誌が、たまたたま寄ったコンビニに一冊だけ置いてあったり……など、信じられないほどの幸せなことがたくさん起こるようになったんです！

心がすごく楽になって、たくさんの幸せを受け取ることができて本当に嬉しいです！　本当にありがとうございます！』

（編集部に届いたお便りから一部編集し、掲載させていただきました）


乙女ボイス。

運とわたしたちのとびきりオイシイ関係♡

ここでちょっと見方を変えてみると、すべての出来事は運が運んでくれる「**一番いいこと**」＝「**最高の素材**」であり、その〝味付け〟によって美味しくもなれば、まずくもなるものだと考えることができます。だから、〝運〟は、わたしたちにいつもいい素材を運んでくれる〝超敏腕シェフ〟のような存在。そして、その素材にいろいろな工夫をして、おいしく食べられるようにお料理するのがわたしたちの役割なのです。

このふたり（?）のオイシイ関係♡のもとに成り立つのが「乙女れしぴ」です。

この乙女れしぴで素材の見分け方を学び、味付けをちょっと工夫できるようになれば、どんな出来事だって、三ツ星のレストラン級に〝おいしく〟することができます。そして、おいしく食べることができれば、**すべての出来事を、自分の心をすてきに育てるための栄養にすることができる**のです！　毎日栄養たっぷりのご飯を食べていれば、いつも健康でいられるようになるのはもちろん、美しさも、魅力も、輝きも、自然と溢れ出します。

つまり、「乙女れしぴ」とは、自分で自分の心をすてきに育てるためにつくる栄養たっぷりのおいしいご飯のつくり方のこと。

食べるのは、いつだって自分ですから、あなたの感じ方がすべてを決める基準です。

その出来事を〝これで、よかった！〟と味わえたら、乙女れしぴは大成功♥

そう、誰がなんと言っても、あなたがその出来事を「わたしにとって、いいことだった♪」「これが起こってホントに良かった〜！」と感じることができればいいのです。

大切なのは、何かを感じることで、いつも心はご飯を食べているということ。

「乙女れしぴ」では、〝**感じること**〟＝〝**味わうこと**〟なのです！

もちろん、ラクしておいしくしなくちゃ♡乙女れしぴ秘伝の調味料たち。

でも、誰だって、「ラクしておいしいものをつくりたい！」って思うもの。
だから、「乙女れしぴ」には、秘伝の調味料があるんです。この調味料、お料理の味をおいしくするだけじゃないんです。なんと運があなたのことを好きになっちゃう〝隠し味〟入り♡　だから、使えば使うほど、毎日の中でいいことばかり起こるようになるんです。
それでは、**乙女れしぴ基本の調味料〝さしすせそ〟**から、はじめていきましょう！

さっぱり！　捨てて、運と仲良く♡

『人間こそが人間自身の幸福を創り出す』チェーホフ

たとえば、友だちとイヤな雰囲気になっちゃったときや上司に怒られたとき、彼氏と喧嘩をしたとき……など人間関係のトラブルが起こることってよくありますよね。そりゃ、相手のほうが悪いこともあるし、もしかしたら自分のほうが正しいかもしれません。でもそんなふうに考えだしたら、ずるずる引きずり、イライラは募り、いつになったって決着がつくことはありません。

そんなときに登場するのが、**〝さっぱり!〟という調味料。**そう、相手に対してイライラしている気持ちを一度、さっぱりと捨ててみるのです。そのときのコツは、こうすること。

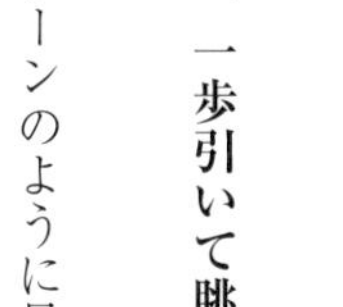

〝その出来事が他の誰かのことのように、一歩引いて眺めてみる!〟

それは、その出来事を、ドラマのワンシーンのように見てみるということです。

たとえば、自分のケーキを勝手に食べたという理由で、喧嘩をしちゃったとき。Aさん(食べちゃった方＝友だち)とBさん(食べられた方＝自分)がいるとします。**そのとき、Bさん(自分)は、どうする?** と考えてみます。ぱっと思いつく選択肢は2つくらい。

①深夜12時。ベッドの中に入っても、まだイライラ。夢の中にまでケーキが出てくる。
②「さっきは、言いすぎてごめんね」とメールを送ってすっきり解消。ぐっすり安眠。

自分視点＋運の視点＝乙女視点。で自分にとってのプラスを引き出す！

ここで、いちばん大切なのは、自分視点です。それは、**自分にとってプラスになるほうを選ぶということ**です。それは、誰かに〝すてき〟と思われるかどうかを考えるのではなく、自分が自分のことを〝すてき〟と感じるかどうかを大切にすること。そして、誰かに〝すき〟になってもらおうとするのではなく、自分が自分のことを〝すき〟になれるかどうかを大切にすること。つまり、**〝今よりもすてきな自分になれるのは、どっちかな？〟〝今より自分をすきになれるのは、どっちかな？〟**と考えて、**その状況を自分をすきになるためのチャンス、すてきな自分になるためのステップにかえてしまうということ**です。

そして、あなたが選んだほうを実際に行動に移したとき、その出来事は〝自分をすてきにしてくれたこと〟＝〝起こってよかったこと〟になるのです。

それは決して相手の評価を気にして、いいひとになろうとすることではありません。

もちろん、相手だって、そんな選択ができるあなたのことをすてきだと思ってくれるに違いありませんが、それはおまけに過ぎません。乙女れしぴを使った料理の完成度は、あくまで〝自分がちゃんとその出来事によってすてきに成長できた〟〝もっと自分を好きになれた〟という自分の中の確かな手応えで計られるのです。

また、もうひとつ欠かせないのが運の視点です。つまり、〝**運に好かれるにはどうしたらいいのかな？**〟と考えてみることです。運が好きなのは、素直なひと。そう、「喧嘩両成敗」という言葉があるように、人間関係のトラブルにおいて、相手だけが悪いということはありません。だから、素直に自分の否を認めてしまう②のほうが運に好かれる道なのです。それが結局自分にとってお得であることは、これまでお話ししてきたとおり。

この〝**自分視点**〟と〝**運の視点**〟の2つを足して、〝**乙女視点**〟になります。乙女視点から眺めてみるようにすることで、〝さっぱり！〟の調味料を簡単に使うことができます。

そして、最終的に、あなたが「これでよかった！」って感じられたら、乙女れしぴは大成功！その瞬間にどんな出来事もあなたの心をすてきに育てる栄養となり、しっかり吸収されてしまいます。こんなふうに、その出来事を美味しくいただいたら、自分でＯＫを出して、次へ進みましょう！

しれっ♪　とかわして、運との仲を深めるチャンスに♡

『敵のため火を吹く怒りも、加熱しすぎては自分が火傷する』シェークスピア

たとえば、雨の日のデート。オシャレして早めに家を出て駅の出口で待っているのに、「ごめん、寝坊して30分遅れる」って彼からメールが入ったら、もう最悪ですよね。お気に入りの靴はびしょぬれ。きれいに巻いた髪も、風に吹かれて崩れかけ。時間が経つごとにイライラは募り、彼が到着する頃には、爆発寸前……。そんなときに使う調味料は、これ！

その怒りを〝しれっ♪〟とかわす!!

そのために、〝運〟というシェフの存在を思い出しましょう。そう、運があなたに運んでくれることは、ぜんぶ、一番いいこと。だから、**予定通りにならなかったことはそのほうが良かったこと**なのです。そう、自分の思っていた通りになるということが、必ずしも幸せな結果につながるとは限りません。たとえば……。

①「時間通りに来た！」↓「その後、行きたかったレストランに満席で入れなかった！」
↓彼もわたしも不機嫌になって、喧嘩しちゃった⤵
②「遅れて来た！」↓「レストランに行ったら、ちょうどそのタイミングで一席空いた！」
↓話が盛り上がって、すてきなデートになった⤴

①なら良かったと思ったのは一瞬だけ。長い目で見れば、②ほうが良かったことになりますよね。そう、出来事はつながって起こるもの。その瞬間だけ見れば、「イヤなこと」だって、**長い目で見れば、ひとつひとつの出来事は、大きな幸せに辿りつくための〝一歩〟にすぎない**のです。予定外のことも、いずれ幸せなことにつながるから、起こっているのです。それは、もちろん〝運〟という超敏腕シェフの計らいによって！

だから、何かイヤなことが起こったときは、運との絆が試されているときでもあるんです。だから、たとえそれがどんなにイヤなことに見えても、「これは、必ず幸せにつながっていくんだ！」と運を信じて、踏んばってみることが大切です。

そう、何かイヤなことがあったときに揺らがないということは、運との絆を守るためでもあるのです。信じているなら、その気持ちを行動で示さなくてはいけません！　〝起こる出来事は一番いいこと〟だと信じていると言いながら、イライラしていたら、運は、「口先だけのひと」とあなたのことを捉えてしまいます。このように、いつまでもイライラしているということは、信頼感の欠如となって運に伝わり、運との関係を悪くする原因になってしまうのです。

でも、怒りが生じるのは仕方のないこと。だから、生じた怒りを、まずは〝しれっ♪〟と冷静になってかわしてみましょう！　そうすると、運に、「とにかく信じているよ！」というサインを送ることができます。そのサインを受けとった運は、「信じられているなら、がんばろう！」って、その**イヤなことをとびきりのいいことにつなげてくれる**のです！

そう、イヤな出来事によって、運との絆が試され、また、それは運との信頼関係を深める良い機会にもなるのです。そう捉えて、毎日の中の出来事を通じてしっかり運との信頼関係を築き上げていくようにすれば、あなたがおおきな夢を叶えたいときや、絶対につかみたいチャンスを目の前にしている運命の瞬間に、運は全力であなたを応援してくれるようになるのです！

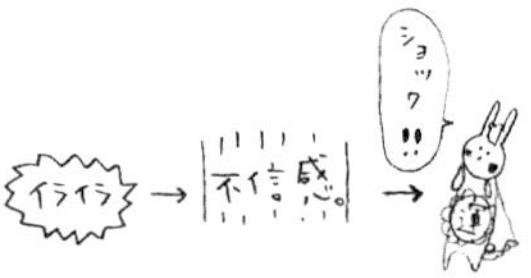

〝だれかに、いいこと、やってみる♥〟行動こそ、最高の調理法なり。

すべての出来事は、わたしにとって一番いいこと。なぜなら、それは〝運〟が運んでくれたことだから。でも、言い聞かせるだけじゃ、怒りがおさまらないことってありますよね。たとえば、さっきの例えで言えば、時間が30分も空いちゃったわけです。その30分間、ただ何もしないで待っていたら、「これは、いいことにつながっていく」「きっといいことに違いない！」ってどんなに言い聞かせたって、なかなか怒りをおさめることはできません。

だからそんな時は、じっとしていないで動くこと！　行動こそ、最高の料理法なのです!!

そのときのコツは、〝**だれかに、いいこと、やってみる♡**〟こと。

どんな小さなことでもいいのですが、自分以外の誰かのために何かいいことをするための時間にすると、怒りは自然とおさまります。

たとえば、家族に電話してみるとか。そのとき、「彼が遅刻してさ〜もう最悪！」などとグチるのではなく、ちょっとだけありがとうの気持ちを伝えてみることがポイントです。

「なんかちょっと電話したくなってさ。いつも、ありがとね！」のように。空いた時間を〝普段は言えないありがとうを伝えるきっかけ〟にかえてしまうのです。こんなふうにしてみたら、彼を待っている最悪の時間も、〝なんだかちょっとすてきな時間〟にかわりませんか。

そうすると、不思議とその後からいいことがたくさん起こりだすようになるのです！

たとえば、その空いた時間で友だちに誕生日のプレゼントを買っていたら、遅れた彼があなたのために花束を買って来てくれたり……ね。（↑これ、実際のお話です！）

とにかく、じっと待っているだけではなく、**その出来事に積極的に自分で何かすてきな意味を与え、「これで、よかった♡」という感覚を行動でつかみにいく**ことが大切です。


だから、乙女は簡単に諦めない！　それは、自分自身のために。

そう、乙女は、イヤなことをそのまま放りっぱなしにしたりしないのです。〝イヤなこと〟を「イヤだなあ……」のまま終わらせてしまったら、「わたしって、やっぱり運が悪い」という苦い味だけが心に残るもの。そんな惨《みじ》めな思いを自分自身にさせてはいけません！

なぜなら、その小さな「わたしって、やっぱり運が悪い」っていう悲しみが募り募って、あなたの運命が決まってしまうから。

だから、**イヤなことがあっても、それがいいことだと感じられるまでがんばってみること**。それは他の誰でもない、自分自身のために。自分自身をもっとすてきに輝かせていくために。そうやって、自分の中に生じる感情にきちんと向き合えば、それは必ず自分の役に立つのです。そうすることで、また一歩、すてきな自分になれるのです。

だから、「**わたしは運がいい**」「**わたしにはいいことしか起こらない**」「**たとえ、ひとりぼっちでも、運はわたしの味方だわ!**」って信じ込んで、自分に悲しい思いをさせないようにしましょう。とにかく行動して「これで、よかった♡」を味わうゴールまで、諦めないで走り抜けてください。いろいろと工夫してみて、「やっぱりわたしは運がよかった♪」ってほほえむことができたとき、勝利の女神もまた、あなたにほほえんでくれるのですから。

そう、彼に30分も待たされることになった乙女の選択肢に、〝そのまま黙ってじっと待つ〟なんてありえません。さっさとショッピングに出かけるか、家に帰って映画でも観るか、あるいは、〝乙女れしぴ秘伝の調味料〟を使って許してあげるか……そのどれかなのです!

あなたの相手は、いつも〝運〟と心得ておくこと。

そう、あなたの相手は、〝誰か〟ではなく、いつも〝運〟というシェフなのです。

だから、たとえ〝誰かがしたこと〟であっても、**そのひとたちを通じて〝運〟がさせたことだと考えてみること**が上手にお料理をするコツです。誰かがしたことだって、〝運〟がさせたことだと考えてみたら、そんなに腹はたちませんし、どうしたら運の意図を正確に捉えられるだろう……って考える気になりますよね。だって絶対にその意図は、あなたにもっと大きないいことを運ぶためにある……そう、**すべてはあなたの幸せのために起こるのだから。**

だから、自分の人生で起こることは、対「誰か」ではなく、対「運」で考えてみること。そうすれば、その瞬間に生じた表面的な感情に惑わされるのではなく、すべての出来事を自分の心をすてきに育てるための栄養にすることができるようになります。

たとえ、運の意図がわからないときだって、だいじょうぶ！　初対面で会ったひとのことを全て理解することができないように、起こったその瞬間は、その出来事に含まれた細かい意味まではわからないものです。だからこそ、いつも、**それがあなたにとって一番いいことだということだけは、しっかり押さえておくこと**を心がけましょう。

オトメモ。

鉄は熱いうちに♡
素材は新鮮なうちに♡

乙女れしぴがいちばん効くのは、イヤなことが起こったその直後です。『鉄は熱いうちに打て』ということわざがありますが、これは乙女れしぴも同じ。素材（出来事）は届けられたその直後が一番鮮度がよく、味が染み込みやすいのです！

「まあ、後でいいや。めんどくさいし……」などと放っておいたら、カチンコチンに固まって、煮ても焼いてもどうしようもなくなってしまいます。だから、乙女れしぴを使うベストタイミングは、何かが起こったその直後！

そのタイミングを逃さずに、すぐにお料理を始めましょう！

すっきり♪　想像力でウマ味成分を引き出し、運に好かれる♡

『想像力は知識よりも重要である』アインシュタイン

運というシェフが贈ってくれる〝最高の素材〟の中には、必ずいつも含まれている5つの**〝ウマ味成分〟**があります。どの出来事にも左の5つの成分のうちのどれかひとつが必ず含まれてます。だから、これらのその成分を知っておくことで、素材の良さを引き出し、よりスピーディーに、とびきり美味しくお料理することができるようになるのです！

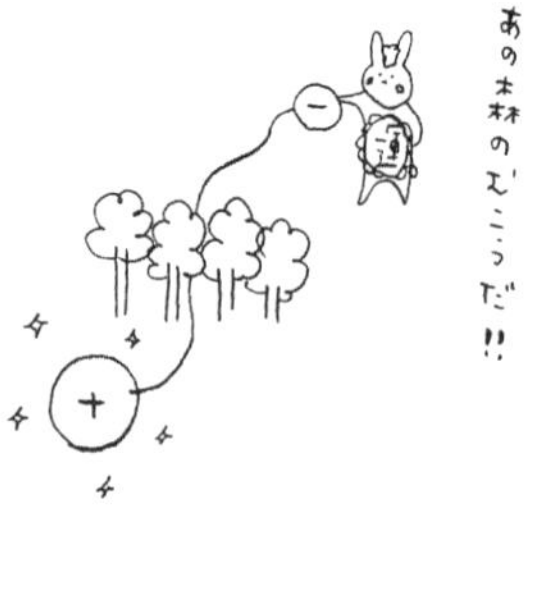

① その先に大きな幸せが待ってる♡
② 問題にならないように、あなたを助ける♡
③ あなたを良いほうへ導く♡
④ もっと他にいいことが待っている♡
⑤ 災難からあなたを守る♡

さあ、**「運というシェフは、5つのウマ味成分のうちのどれを入れて、この出来事をわたしに贈ったのだろう？」**といろいろ想像してみましょう。たとえば、こんなふうに……。

①突然残業を押し付けられた↓「これをやった後には、きっと**大きな幸せが待ってる**♡」

②上司に注意された↓「もっと大きな問題にならないように、**助けてくれた**のかも♡」

③彼にデートをドタキャンされた↓「今日デートしてたら、大げんかして別れてたかもしれない。ふたりを**良いほうに導いてくれた**に違いない♡」

④行きたかったコンサートのチケットがとれなかった↓「コンサートに行くより、**もっと他にいいことが待っている**のかもしれない♡」

⑤電車が遅れて待ち合わせに遅刻した↓「もし、時間通りについていていたら、途中で転んでストッキングが伝線していたかも。きっと**災難から守られた**んだ♡」

こんなふうにいろいろと想像していると、いちばんあなたの心が〝すっきり♪〟するものが見つかるはず。そう、**〝すっきり♪〟を加えるコツは、想像力をフル活用すること**なんです。たとえ何の根拠もなくたって、とにかく自分の心が〝すっきり♪〟するように想像してみることで、その出来事から〝ウマ味成分〟が引き出され、ぐんと美味しさがアップし、どんな出来事も心をすてきに育てるための栄養にすることができるようになるのです。

なぜなら、想像力で乙女ポイントが貯まる♡貯まる♡から。

でも、「想像だけで自分を納得させても、意味ないじゃん！」ってあなたは言うかもしれません。もちろん、どんなに美味しいケーキも実際に味わわなくちゃ、ないのと同じ……

だからこそ、想像力が効くんです!!

なぜなら、いろいろと想像することは、〝**自分の気づかないところで**〟とか〝**わたしには分からないけれど**〟というふうに、自分を超えた大きな運の存在や、その働きを信じていなくては、なかなかできないことだから。

そう、出来事の中に込められた5つのウマ味成分を一生懸命探すということは、実は、運を信頼しているからこそできることなんです。自分の目に見えるものだけ、手で触れることができるものだけではなく、もっと、その奥にあるものを感じようとするきもち……

自分を越えた大きな存在を信じようとするきもちこそ、豊かな想像力の源にあるものです。

そんなあなたを見て、運というシェフは、〝**乙女ポイント**〟を加算します。

〝乙女ポイント〟とは、スーパーのポイントカードに押されるスタンプのように、あなたが運を信頼しているサインを贈ったときに貯まるポイントのことです。

それはあなたの目には見えないところでどんどん貯まり、ある程度貯まると、あなたの願っているものになって、あなたに届けられちゃうんです！　たとえば、すてきな出逢いがあるとか、宝クジが当たるとか、いいなと思っているひとに告白されるとか、転職のチャンスが舞い込んで来るとか！　**毎日の中であなたがコツコツと貯めつづける〝乙女ポイント〟は、いつか大きないいことになって、必ずあなたに帰って来ます。**

だから、たとえ、その瞬間に、目に見える変化はなくても、目には見えないところで〝乙女ポイント〟がちゃんと貯まっていることを信じることが大切です。

そして、**〝乙女ポイント〟を貯める鍵は、あなたの想像力にある**のです！

そう、想像力は、現実とは別の世界のものではありません。それは、目に見えないレベルで変化を起こし、それを現実にまでつなげ、確実にあなたの周りの環境を望むほうへと動かしていく素晴らしい力だったのです！

『〝妖精なんているもんか〟と子供が言うたびに、どこかでかわいい妖精が倒れ死んでいく』
ジェイムズ・マシュー・バリュー

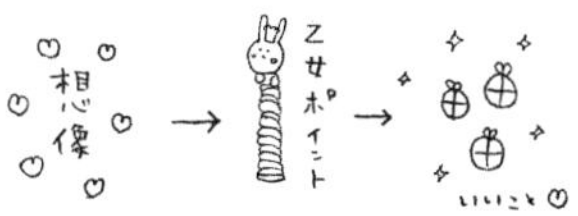

せんきゅー♪　感謝の気持ちで、運を信じる♡

〝運〟は、わたしたちが今いる場所から、「いつか辿り着けたらいいな」と密かに願っている憧れの場所まで、川の流れのように細く長い一本の道をつないでくれています。
もちろん、運の流れに乗って行くのが、一番早く、一番楽に、その場所に辿り着く方法！
だから、毎日の中で起こる出来事は、ちゃんとその流れに乗れているのかどうかということを知らせるために運から贈られて来る大切な〝**道しるべ**〟でもあるんです。
色んなことがスムーズだったり、おだやかな気持ちでいられるなら、流れに乗れている証拠。でも、「あれ？　タイミングずれてるな」とか「なんかイライラすることが多いな」と感じたら、わたしたちが運の流れから外れちゃっていることを教えてくれているんです。

そう、**すべての出来事は、しあわせの道しるべ。**「そっちに行くといいよ！」「そっちはダメだよ！」と、わたしたちがいつの日も運の流れに乗り続けていられるように導いてくれているのです。
わたしたちが運の流れから外れそうになるときは、大きく分けて４つの場合があります。

1　気づかないうちに、何か大切なことを忘れているとき。
2　気づかないうちに、周りのひとへのやさしさが不足しているとき。
3　気づかないうちに、ぜんぶ当たり前だと思っているとき。
4　気づかないうちに、態度が大きくなっているとき。

……などがそうです。すべてに共通するのは〝感謝の気持ち〟が少なくなっていること。

そう、**感謝の気持ちが不足すると、運の流れから外れてしまう**のです！

でも、毎日生活していると、「あって当たり前」「そばにいてくれて当たり前」と全てが、当たり前になっていってしまうもの。自分でも気づかないうちにそうなってしまうものです。

だから、運は、起こる出来事を通じて、わたしたちにそのことを教え、ちゃんと流れに乗せてくれようとしているのです。そう想ったら、イヤなことも、とてもありがたいこと。

だから、イヤなことが起こったら、とにかく感謝の気持ちを自分の中で持ち直すことを心がけましょう。そして、「教えてくれてありがとう」と起こる出来事を〝せんきゅー♪〟（感謝の気持ち）で受けとるようにすると、またすぐに、運の流れに乗ることができます。

そう、この**〝せんきゅー♪〟こそ、どんな素材も美味しくできる魔法の調味料**なのです！

それは大げさなことをすることではありません。たとえば、誰かと会う約束をしているとき、バスが時間になってもなかなか来ないとします。一見それは、イヤなことですが、もしかしたら「今すぐ感謝の気持ちを持ち直して。運の流れから外れているよ！」という運からのサインかもしれません。そう捉えて、これから会うひとに〝少し感謝の気持ちを持って接するようにしよう〟と、**心の背筋をそっと正すだけでいい**のです。

偶然起こる小さなイヤなことも、しあわせの道しるべ。

また、コンビニで、たまたま開いた雑誌の占いにイヤなことが書いてあったときだって、実は、**その時の自分の心の状態を教えてくれる大切なサイン**。それは、あなたの心が〝今、あまり良くない状態だよ！〟ということを教えてくれているのです。もちろん、良くない状態とは、気づかないうちに運の流れから外れてしまっている状態ということ。そんなときに、そのまま放っておくと大きなトラブルや問題が起こってしまうことがあるんです。

だから、占いに書いてあることを読んで、ただ落ち込むのではなく、「何気ないこの一瞬も、みんなが支えてくれているんだ」ということを思い出し、当たり前の幸せに感謝をするようにしてみましょう。さらに、近くにいるひとに感謝の気持ちを伝えるようなことを一つ加えてみると効果的。たとえば、レジ係の人にお金を払うときに、にっこりしてみるだけでもＯＫ。そうすれば、すぐに運の流れに乗り直すことができ、トラブルからも守られます！

　こんなふうに、毎日の暮らしの中で起こる出来事に照らし合わせて、自分の心の状態を常に確認していくようにすれば、ちゃんと運の流れに乗り続けることができるのです。

　そう、毎日の中で起こるちいさな出来事は、しあわせの道しるべ。どんな小さなことも、**あなたを流れに乗せ続け、いちばん早く憧れの場所に導くために起こっている**のです。

〝運〟は、わたしたちよりずっと大きな存在です。わたしたちが知っているよりずっとずっと多くのことを知っていて、わたしたちが求めている幸福を手にできるように、一番辿り着きたい場所に行けるように、いつも、その場その場で起こる出来事を通じて、わたしたちが忘れている大切なことを教えてくれているのです。

そっとして♪　運をあなたのトリコにしちゃう♡

たとえば、楽しみにしていた予定が突然キャンセルされたとき、大好きな恋人と別れたとき……わたしたちの人生には、大なり小なり〝去られる〟瞬間があります。そんなときは、心がかき乱され、どうしようもなく混乱してしまうもの。

でも、そんなときは、思い出して。**ひとは大きな〝運〟につつまれている小さな存在**なのだということを。ひととひとが関わることは、そのひとがそのときに持つ運気同士が関わることでもあります。運気は、日々変動するので、お互いに持っている運気がある地点で合わなくなってしまうことだってあるんです。

だから、突然訪れたキャンセルや別れの理由が分からないことがありますが、それは、わたしたちを超えた〝運〟の計らいによるもの。運気が合わなくなれば、一緒にいることで、お互いにいい影響を与え合えなくなってしまうから……というのが本当の理由なのです。

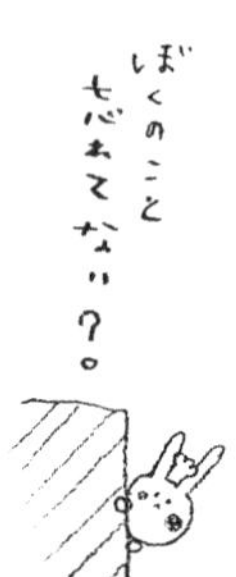

あなたの魅力や価値は、何があっても揺らがない！

でも、わたしたちは、何か悲しい出来事があると、「自分の魅力が足りなかったから」とか「自分が素敵じゃないから」とその原因を自分のせいにしてしまいがち。

だから、忘れないで。起こる出来事と、自分の魅力や価値とは、全く関係ありません。その出来事が起こったのは、あなたの魅力が少なくなったからでもなければ、あなたの価値が低くなってしまったからでもないのです。あなたの価値や魅力は、雨が降っても風が吹いても揺ぎない史上最高のもの。それは、何があっても変わることはありません。

そして、自信を持って。起こる出来事は、すべて、あなたにとって一番いいことです。あなたをもっと幸せにするために、あなたにふさわしい新しいステージの扉を開くために起こったことなのです。たとえば、突然訪れた別れだって、何らかの原因で、そのひとの持つ運気に変化が生じ、あなたの持っている運気と合わなくなってしまっただけ。

それは、**お互いの幸福を守るための〝運〟の深い配慮によるもの**なのです。

だから、「**なんで？**」**と追いかけたりせずに〝そっとして♪〟おくこと。**

『去る者は追わず』と言ってしまうとちょっと冷たい感じがするかもしれませんが、それはお互いの幸せを願うからこそ、そして、ふたりの間をとりもっている運を信頼しているからこそできることなのです。どんなに悲しくても、「これが一番、わたしたちにとって、良かったことなんだ！」と運を信じ、そう思い込むようにすることが大切です。

そう、**悲しいことがあったときこそ、〝運〟というシェフを信頼し、〝運〟との絆を深めるチャンスにかえる**……それが、お料理上手への近道なのです！

悲しいけれど、形あるものはいつかなくなるものです。恋人だって、友人だって、家族だって、ずっと一緒にいられるものではありません。だけど、絶対に〝運〟は、あなたを見放したりしないのです。いつもあなたの側であなたの幸せを願い、生涯あなたにとって一番いいことを贈り続けてくれている**世界でいちばんの味方こそが〝運〟**なのです。

だから、悲しいことや思い通りにならないことが起こった時こそ、運との絆を強化して。「絶対にこれは、わたしたちにとって一番いいこと！」って強く信じて、今はそっとしておいてください。そうすれば、それがとびきりの幸福に変わる瞬間が、絶対に来るから。


『時間がそれを軽減し和らげてくれないような悲しみは一つもない』マルクス＝トゥルリウス＝キケロ

〝気楽なきもち♡〟こそ、運のハートをつかむワザ！

ここまで様々な出来事を美味しくお料理できる調味料をいろいろとご紹介してきましたが、お料理をうまくいかせるコツは、何と言っても**〝運〟との信頼関係**にあります！

毎日の中で乙女れしぴ秘伝の調味料を使いながらお料理していくと自然と運との関係も良くなっていきますが、実は、運をあなたのトリコにしちゃう決めの一手があるんです！

それは、**いつも気楽なきもちでいるようにすること**です。特に自分ではどうにもできないような悲しいことが起こったときは「今は分からないけれど、いつかこれもいいことに変わるさ♪」と気楽な気持ちで受け止め、あまり深刻に考えすぎないことが大切です。

〝禍《わざわい》転じて福と成す〟ということわざにもあるように、一見、良くないことに感じられても、「後になってみたら、起こってよかった」と感じることって、たくさんありますよね。

そう、どんなに硬いジャガイモだって、時間をかけて煮込んだらやわらかくなるように、時間が美味しく味付けをしてくれる材料だってたくさんあるのです。

だから、どうにもならないときは自分の力でなんとかしようとせずに、「これも、いつかいいことになるさ♪」と運を信頼してどっしり構え、気楽な気持ちで〝**そっとしておけばいい**〟のです。それは一見、無責任なことのようにも感じられますが、これこそが運に対する一番の敬意の表現であり、運との絆を強く結ぶ決めの一手になるのです。

『**相手を立てれば、蔵《くら》が建つ**』という言葉があるように、相手に対する敬意は、蔵さえも建ててしまうほど強い力を持っているもの。だから、賢い乙女は、ちゃんと〝**運**〟まで立てるのです！　運を立てるためのコツをぎゅっと凝縮させたのが、これまでご紹介して来た〝乙女れしぴ基本の調味料〟です。その使い方にきまりはありませんし、工夫次第でいくらでも応用が効くものです。

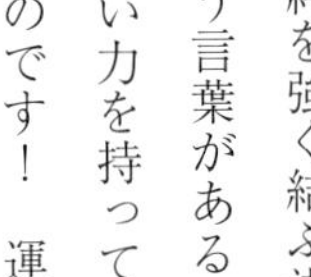

覚えておくことと言えば、このふたつだけ。すべての出来事を、〝**運が運んでくれたもの**〟として、大切に想う気持ちを持って暮らすこと。そして、ひとつひとつの出来事を〝**一番いいこと**〟だと信じ、一歩ゆずって、自分の考え方を工夫してみるようにすることです。

毎日の暮らしの中でこの調味料たちをたくさん使って、運との絆を揺ぎないものにしておけば、たとえ今、何も持っていなくたって、まるでわらしべ長者のように、自分でもびっくりしちゃうくらいおおきな夢や、すてきな恋をいっぱい叶えられるようになるのです！

乙女の格言

運を立てれば、城が建つ。

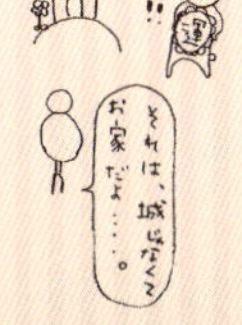

まるで、運命という名の大きな船に乗せられて
ただ、漂い続けるしかないような日々の中で

ひたすら、祈り続けた
ひたすら、願い続けた

だれかに、届くように
どこかに、伝わるように
なにかが、変わるように

だって、仕方なしにでも生まれて来たのなら
どうせ、生きていかなくちゃならないのなら

輝きたい、誰よりも
幸せになりたい、絶対に

だから、一生懸命、探したんだ

ダイエットで、自分を削ったり
キツい習い事をいくつも抱え込んだり

それは、ただただ、幸せになりたくて

わたしはその願いを叶えるために、生きているんだって
わたしはその願いを叶えるために、生きていくんだって

心が、そう言ったから

だから、諦めないで、求め続けた
だから、諦めないで、探し続けた

求めて、手に入らなくて
探して、どこにもなくて

だから、すべてを自分のせいにすることに決めたんだ

わたしがすてきじゃないから
わたしがこんなにダメだから

だから、すべてはうまくいかないんだって

自分のことを責めて、責めて、責め続けた
自分のことを苦しめて、苦しめて、苦しめ続けた

でも、わたしは、やっと、わかったの

わたしを幸せに輝かせるために必要なもの全ては
今、わたしがいるこの場所に用意されていること

それは、特別なものじゃなくて
それは、痛みや苦しみでもなくて

ありふれた毎日の中で

たった一瞬、交わすほほえみこそ
たった一言、交わすあたたかい言葉こそ

わたしを磨き、高めてくれるものだということ

そして、そこで培ったやわらかな輝きこそが
わたしの夢を幸せに叶える力になるということ

そのとき、はじめてこの現実にしっかり向き合おうと想ったの

そう、どんな出来事も、幸せに輝き出すまで、絶対に諦めない

そんなふうに、ひとつ、ひとつ積み重ねていくしかないんだって
そんなふうに、ひとつ、ひとつ愛していくしかないんだって

たとえ、遅くても、それでいいんだって
たとえ、面倒くさくても、それがいいんだって

それまで蹴飛ばしていた小さなものほど大切にしようと想ったの

わたしの周りのひとり、ひとりのひとを
わたしに起こるひとつ、ひとつの出来事を

やさしい眼差しで見つめはじめた
その日から、わたしの毎日が輝きだした

たとえ、ひとりぼっちでも
たとえ、何も持っていなくても

わたしは、ここにあるすべてを使って
わたしのこと、ちゃんと幸せにできるんだって

ちゃんと描いた場所にたどり着くことができるんだって
ちゃんと夢とか恋とかいろんなもの叶えることができるんだって

そして、この大きな船の行き先を自分できめる力が
こんな小さなわたしの手にもあるんだって

やっと、わかったから

『それまでのわたしは、どちらかと言えば、いえ、はっきり言ってツイてない人間でした。目的のお店に行ったら、お休みだったなんてしょっちゅうでしたし、もう何年も彼氏もいなければ、恋愛らしい恋愛もしていませんでした。何よりわたしが「自分はそう言う人間なんだ……」と納得してしまっていました。そんな自分がイヤでした。

こんな風にモヤモヤしていた日々の中で、本の中の内容を実践するようにしました。すると、少しずつですが、だんだんといいことが増えてきたのです。何より、自分の考え方が全く変わりました。

それまでの悲観的な考えから、「毎日幸せなんだなあ。」と思えるようになりました。本当に嬉しいです！

きっとこれからもステキなこと、いいことがたくさん起きるような気がしてワクワクしています♪』

（編集部に届いたお便りを一部編集し、掲載させていただきました）

乙女ボイス。

2

つぎは、ふたつめの乙女れしぴです。

これであなたの人間関係が、バラ色に♡

ここからは、人間関係の悩みに効くふたつめの乙女れしぴをご紹介します！

〝人間関係を良くするために〟と言うと、「がんばって何かしなくちゃ！」とか、「特別なことをして、誰かを喜ばせてあげなくちゃ！」とか……そんなふうに考えてしまうものですが、乙女れしぴを使えば、もっと簡単に人間関係を良くすることができるのです。

なぜなら、人間関係における悩みやトラブルの原因の大半は、**生のまま食べてはいけない素材を、火を通さずにそのまま食べてしまっていることにあるから**です。

ほら、スーパーマーケットに行ったって、生のまま食べても大丈夫なのは、活きのいいお刺身や新鮮な野菜だけでしょ？　同じように、自分に届けられるすべての素材（出来事）だって、火も通さず食べられるものは、限られているのです。

だから、まず、生のまま食べていい素材と、生のまま食べてはいけない素材を見分ける力をつけること。そして、生のまま食べてはいけない素材にはちゃんと火を通してあげるようにすること。そうすれば、あなたが今抱えている人間関係の悩みのほとんどをすっきりさせることができるのです！

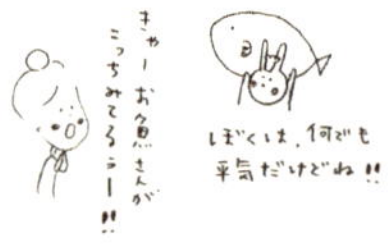

まずは、そのふたつの素材を見分けるポイントからご説明します。

生のまま食べてもいい素材があなたの心の中に入ろうとするときは、**プラスの感情**を伴っています。それは、「うれしい♡」とか「たのしい♡」とか「しあわせ♡」などの〝**なんだかイイ感じ**〟のことです。また、特に何も感じないときも、生のまま食べても大丈夫であるというサインです。

反対に生のまま食べてはいけない素材があなたの心の中に入ろうとしたときは、必ず、**マイナスの感情**を伴っています。それは、「もう！」「ムカつく！」というイライラや憎しみ、「イヤだなあ……」という嫌悪感や不快感など、〝**なんだかイヤな感じ**〟のことです。

この〝なんだかイヤな感じ〟こそ、生のまま食べてはいけないというサインなのです！

それなのに、見過ごしてそのまま食べてしまうと、必ずお腹を壊します。

そして、マイナスの感情はお腹の中でどんどん増幅され、やがてあふれだし、誰かにぶつけるしかなくなってしまうのです。これが、人間関係のトラブルのほとんどの原因です。

だから、人間関係の中で、イライラや憎しみなどのマイナス感情を感じてしまうような出来事が起こったら、心の中に入れる前に、ちゃんと火を通すこと。火の通し方を覚えるだけで、人間関係のトラブルや悩みは驚くほど少なくなるのです！

あっという間に火を通す方法その1♥素直に受けいれちゃうこと。

火を通すには、この乙女れしぴの基本に立ち返るだけでOK!

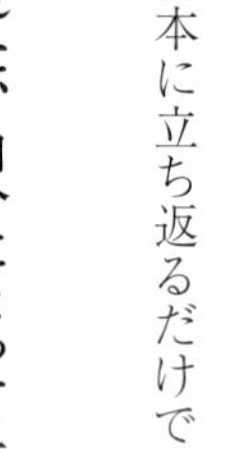

『すべての出来事は、運が運んでくれた、自分にとって一番いいこと♡』

ここで大切なポイントは、**〝すべての出来事〟の中には、〝誰かの一言〟や〝誰かがしたこと〟が含まれている**ということです。そう、たとえ〝誰か〟であっても、それはやっぱり〝運〟の仕業なのです。

たとえば、彼氏の「もっときれいになったら?」という一言だってそのひとつ。それは、運があなたに運んでくれた〝一番いいこと〟の一部なのです。だから、「何でそんなこと言うの?」って噛み付きたくなるところをグッとこらえて、まずは一歩引いてみることが大切です。そしてここで、ちょっと工夫して、こう考え直してみるのです。

彼の言葉は、〝運〟が彼の口を借りてあなたに伝えたかったメッセージなのではないのだ

ろうかと。

その一言には、バラ色の未来を開く鍵が隠されているかも♥

そう、誰かの一言だって、**運が運んでくれた〝一番いいこと〟**。そこには、〝運〟からあなたへの大切なメッセージが込められているんです。表面をぱっと見ただけでは分からないかもしれませんが、〝あなたにとってプラスになること〟が必ず隠されているのです。

それは、〝役に立つ〟とか〝ためになる〟ことを超えた**バラ色の未来を開くための鍵＝『幸運メッセージ』**かもしれません！　だから、素直に受け入れちゃったもん勝ちなのです。

たとえば、彼の「もっときれいになったら?」という一言だってそう。それも、運が彼の口をかりて伝えた幸運メッセージだと思って素直に受け入れ、いつもよりお風呂に長めに入るよう心がけ、メイクをきちんとし、きれいのレベルを上げておくとします。そうしたら、その1週間後に友だちからパーティーに誘われ、そこで、ずっと憧れていた美容の

仕事の関係者と出逢い、トントン拍子に話は進み、転職決定！　なんてこともあるんです。

そう、ちょっとショックな誰かの一言にだって、必ずあなたのバラ色の未来の扉を開く鍵が隠されているのです。その鍵は、その言葉を素直に受け入れ、自分を成長させるためのプラスにかえてしまうことでつかむことができます。彼が言ったと思えばムカッと来る言葉も、〝運〟があなたに伝えたことだと考えれば、素直に受け入れやすいものですよね。

このように、火を通すコツは、**誰かと自分の間に〝運〟を挟んで考えてみること。**

誰かが言う言葉も、運がそのひとの口を借りて言わせたことであり、その中には、**〝運〟からあなたへの『幸運メッセージ』が必ず含まれているのだと捉え、素直に受け入れ、自分を成長させるためのプラスにかえてしまうということ**なのです。

そう、すべては〝運〟のは計らいのうちだから。

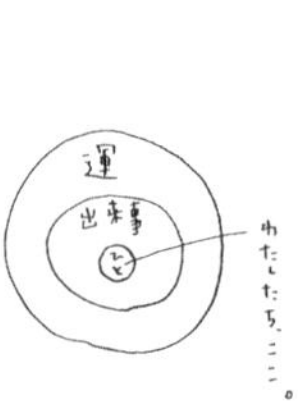

わたしたちは、みんな一つの大きな〝運〟の秩序のもとで生かされています。

そして、**ひととひととの間は〝運〟がつないでいるもの**なのです。

だから、人間関係の中で起こる様々なことは全部、〝運〟の計らいの一部。絶対にそれは、自分にとって〝一番いいこと〟であり、その瞬間にそうは感じられなくても、その中には必ず〝自分にとってプラスになること〟が隠されているものなんです。

だから、お父さんであっても、お母さんであっても、兄弟であっても、友だちであっても、たとえ通りすがりのひとであっても……誰かの行動、誰かの言葉の後ろに大きな〝運〟の存在を感じてみるようにしてください。そうすることで、そのひとつひとつを自然と素直に受け入れられ、運からの幸運メッセージを受けとることができるようになるのです。

また、運がひとつの出来事の中に込める幸運メッセージに、たったひとつの正解はありません。だから、自分の想像力次第でいくらでも、解釈の幅は広がります。いろいろある中でも**あなたが一番「いいきもちになれる♡」「しあわせになっちゃう♡」ものがその答え**だと判断してください。

こんなふうに、いつも〝運〟というシェフの存在を意識して誰かの一言を素直に受け入れることを心がけ、さらに、いろいろと想像力を働かせ、運がその一言に込めた『幸運メッセージ』をつかみとろうとすることで、人間関係の中で起こるほとんどの出来事に火を通すことができるのです。

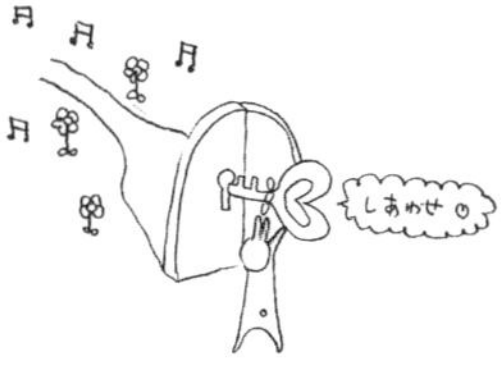

学ぶ心さえあれば、万物全てこれわが師である。
語らぬ石、流れる雲、つまりはこの広い宇宙。
この人間の長い歴史、
どんなに小さなことにでも、
どんなに古いことにでも、
宇宙の摂理、自然の理法が密かに
脈づいているのである。
そしてまた、人間の尊い知恵と体験が
にじんでいるのである。
これらのすべてに学びたい。

松下幸之助

あっという間に火を通す方法その2♥誰かのせいにしないこと。

出来事に火を通すもうひとつの方法は、**〝誰かのせいにしない〟**ことです。

それは、誰かにイライラさせられたり、誰かのせいで心の中にマイナスの感情が湧き上がって来たと感じたときに「あのひとが悪い！」とか「あのひとのせいだ！」と、誰かに対して、その怒りを向けないようにするということです。

なぜなら、あなたがいつも〝運〟に守られている存在であるように、誰かもまた、〝運〟によって守られている存在だから。そう、誰かに対して感じる怒りは、全部そのひとを越えたところにある大きな〝運〟に届いてしまうのです。だから、**〝誰か〟に対しても、〝運〟にそうするのと同じように、敬意を持って接すること**が大切なのです。それはつまり、誰かにイライラさせられたときも、「相手が悪い！」ではなく「自分のほうにも何か問題があったのではないかな……」とまずは一歩引いて考えるようにしてみるということです。

このように、マイナスの感情を伴う出来事が起こったときに**〝誰かのせいにしないで、自分自身を振り返る〟**という視点を持つことで、自分を成長させてくれるプラスの出来事

にかえることができるようになります。そう、**イライラする出来事の中にも、自分にとっての〝成長ポイント〟を見つけ出すこと**こそ、その出来事に火を通すということなのです。

特に、誰かからムカッとすることを言われたときは、あなたがそこに気づけば、もっとすてきになれる**〝成長ポイント〟**を、運が教えてくれたときでもあるんです。だから、そんなときは、誰かにイライラするのではなく、自分自身の中を振り返って、何か心当たりのあることを見つけ、すぐに正すこと。自分でも気づかない部分にある**〝成長ポイント〟**を運が教えてくれているんだと考え、誰かのせいにしないで、すっぱりと割り切って自分の成長の肥やしにしてしまうことが、火を通すための極意です。

だから、すっぱり割り切ること。もちろん、それは自分のために。

いつまでも誰かのことを責めたり、憎んだり、怒ったりしているのは、生のまま食べてはいけない素材をそのまま食べて、お腹を壊しているのと同じこと。結局、一番苦しい思いをするのは自分なのです。

なぜなら、**あなたが抱く感情は、全部あなたの心の中に向かってしまうから。**

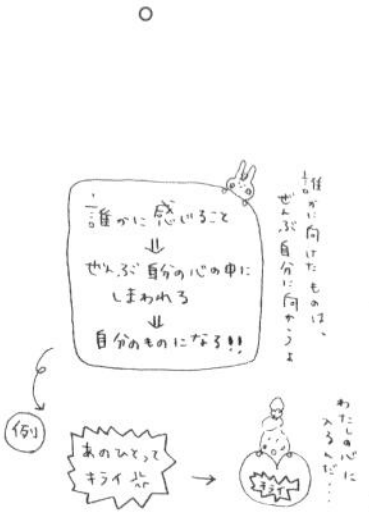

誰かに向けたはずの怒りは、結局、自分自身の心の中に入り、自分の心を傷つけます。誰かに向けたはずの憎しみも、結局、自分自身の中に入り、自分の心を荒らしてしまうのです。

その上、怒りや憎しみという感情には、あなたが憎んでいる誰かを傷つけたり、貶《おとし》めたりする力はありません。そう、憎しみや怒りは、実は、相手には何の影響も与えず、ただ自分自身を傷つけたり、自分自身の心の中をかき乱したりするだけのものなのです。

だから、**出来事に火を通すということは、怒りや憎しみから自分自身を守ること**でもあるということをしっかり覚えておきましょう。

乙女のまとめ

運があなたに贈る出来事は、あなたにとって一番いいことであり、誰かの一言、誰かの行為、そのひとつひとつも、あなたにとって一番いいことの一部だ考えること。つまり、誰かがすることの中には、必ず自分にとって役に立つ何かが含まれていると信じて、“自分にとってのプラス”を見つけ出そうとすることが火を通すということです。

わたしは、いつも誰かに怒ってる
いつも何かにイライラしてる

ああ、世間は
ああ、時代は

ああ、あのひとは

って、誰かや何かに
責任をなすり付けて

自分のこと、なだめすかしてる

でも、わかってる

どこへ向けたって
だれに向けたって

この怒りの向かう先は、自分自身

捉えて離さないのは
わたし自身の中にある

弱さとか薄っぺらさとか、怠け心とか
不器用さとか自分勝手なところとか
ちょっとだけ歪んでるところとか

目を背けたくなるものを
隠すために怒りをまとうの

そうすれば、強そうでしょ
そうすれば、カッコいいでしょ

あのひとのこと、責めながら
ばかだなあって、笑いながら

そのすべて、ほんとうは
自分自身の中にあるものなのに

そのすべて、ほんとうは
隠しきれないことわかっているのに

潔くないよな、みっともないよな
なんて、心のどこかが呟いても
無視して、走りつづける

忙しいから、仕方ないよねって
無理して、走りつづける

中心軸が定まらないことに苛立って
不満や怒りをまき散らしても

何にもよくならないって
何にもかわらないって

ずっと、ずっとわかってるのに

忘れないで。人間関係の中心にいるのは、いつも自分だということ。

そもそも、外側のものはあなたの心の中に勝手に侵入して、傷つけたり、怒らせたり、めちゃくちゃにできるほど大きな力は持っていません。もし、持っていると感じるのなら、それは、あなたがその力を与えてしまっているから。実は、**自分以外の〝何かのせい〟〝誰かのせい〟にするということは、自分の外側にあるものに、自分を傷つけたり、自分の心を乱したりする力を与えてしまっているのと同じこと**なのです。

だから、「自分の感情の責任は、自分がとる」と決めることが大切です。自分を怒らせるのも、自分を落ち込ませるのも、自分を喜ばせるのも、自分を幸せにするのも、ぜんぶ、自分なのです。あなたの心を何とかできるのは世界でたったひとり、あなただけなのです。

そして、自分の心の扉を開けっぱなしにして、誰かに土足で踏み込ませたりしないこと。あなたは、あなたの心の扉の前に、しっかりと立って、自分の心の扉の中に何かが入ってこようとするとき、必ず確認することが大切です。「これはそのまま食べてもいいもの？」っ

て。自分の心が重く沈んだり、暗くなったり、イヤな気持ちになったりするものは、そのまま食べてはいけないもの。どうやっても火を通せないなら、「これはわたしには必要ないもの！」って断固として拒否する強さも、ときには必要です。

そう、人間関係は、たくさんのひとによってできているものですが、**人間関係の中心にいるのはいつも自分**だということを忘れてはいけません。

人間関係が複雑だったり、難しく感じてしまうのは、あなたが、あなた自身よりも周りのひとに重心を移してしまっているから。

自分の外側にあるものは、常に変化します。風が吹いたり、雨が降ったり……お天気がコロコロと変わるように、誰かの心だって、コロコロ変わるもの。変化するものに頼っているうちは、ただ振り回され、疲れきってしまうのは当然のことなのです。

だから、周りにとっていいひとになろうとか、いい顔をしようと努力するのではなく、重心を自分に戻して、〝**なんだかイイ感じ**〟〝**なんだかイヤな感じ**〟**を大切にすることが幸福な人間関係のはじまり**になるのです。

誰かのことを大嫌いになった
誰かのことを悪く言った
誰かのせいにした
誰かを憎んだ

その瞬間に
わたしの心の一面を
ヘドロのようなものが埋め尽くし
ヘドロまみれになって、
わたしは随分苦しんだ

だから、もうやめようとおもった

こんなに自分を傷つけることは
こんなに自分を苦しめることは

二度と、してはいけないと、誓った

そう、自分以外の誰かに責任をなすりつけ
誰かのことを責めたり憎んだりするのは

それは、自分を一番に傷つけることだから
もう絶対に、しちゃいけないって

そう、わたしの人生で起こること

そこに、どんなに多くのひとが関わっていようとも
そこに、どんなに深く関わっているひとがいようとも

わたしの感じることの責任は、すべてわたしにあるって

全部、引き受けていくことで
引き受けていこうとすることで

きっと、すてきなわたしの足跡は刻まれていくのだから

だれといても、どこにいても
今、この一歩をしっかりと
踏みしめて歩いていこう

『自分→相手』こそ、正しい幸福のとおり道。

ちょっとイメージしてみてください。あなたの心の中に、まあるいお茶碗のような器があるとします。このお茶碗に水を注いでいくと、あるときお茶碗が水でいっぱいになり、お茶碗から水があふれだします。そうすると、周りにいるみんなに自然とお水が行き渡るようになりますよね。このように、**自分を満たすと、自然と相手に届くようになるのが〝幸福〟の特徴**です。そう、相手を幸せにするためには、まず自分の中をたっぷりと潤わせ、幸せで満ちあふれるくらいにすることが大切なのです。

だから、わたしたちがいつも気にしているべきは、相手のことじゃなく、自分の心の中にある器の状態。そこがちゃんと幸せで潤っているかどうかさえ、きちんと気にしていれば、後は自ずと調っていくのだから。最初のうちは、自分のことを優先するのはなんだか相手に悪い気がしますが、ちょっと踏ん張って自分を満たし続けて行くと、自分の器に満ちたものがあふれだし、相手に届きはじめたことを感じられる瞬間が必ず来ます。

そうすると、あなたの器から自然とあふれだした幸せが、相手に届いて、大きくなって相手から返って来て、さらに大きくなってあなたからあふれだして……というように、幸福が人間関係の中でどんどん育てられていく〝**乙女のしあわせ循環経路**〟が開通します！

そう、乙女は、〝自分だけよければ……〟〝自分だけ幸せになれれば……〟なんてセコいことは考えません！　本当に、相手を幸せにしたいと願うからこそ、まずは、この〝乙女のしあわせ循環経路〟を開通させることを優先させるのです。そして、無理のない自然の順序に従って幸せを正しく循環させ、大きく育てていくのです。

また、〝**乙女のしあわせ循環経路**〟**は、幸せだけではなく、愛や優しさ、いいことやときめき、奇跡などたくさんのプレゼントを運んでくれる**もの。〝乙女のしあわせ循環経路〟は、人間関係だけにとどまらず、あなたの人生丸ごと、バラ色につつみこんでくれるのです！

だから、まずは自分の器を自分で満たしはじめること。〝自分をもっと幸せにして、相手をもっと幸せにする。自分をもっともっと幸せにして、相手をもっともっと幸せにする〟というやり方に切り替えて、**〝乙女のしあわせ循環経路〟**づくりからはじめましょう!!

だって、どんなに相手が喉が渇いていても、わたしたちが注いであげられるのは、自分のコップに入っている量のお水だけなのだから。

『習慣も大事だが、なかには守るよりも破ったほうがいいものもある』シェークスピア

自己犠牲は、〝乙女のしあわせ循環経路〟をせき止める!!

それなのに、わたしたちはなぜか、自分を犠牲にしなくちゃ相手を幸せにすることができないなんてカンチガイしちゃっていることがあります。

でも、そんなのは、全く根拠のないうわさ話に過ぎません。そう、どんなに自己犠牲を強いたって、それと引き換えに相手を幸せにすることはできないのです。

なぜなら、自分を犠牲にして相手にプレゼントしたものには必ず「辛い」「大変」「苦労

した」「これだけしてあげたんだから、あなたも何かしてね」なんていう気持ちがくっついてしまうからです。そんなおまけ付きのプレゼントは、相手にとって重い負担になります。

そう、どんなに相手を喜ばせたくてしたことだって、そこに自己犠牲がわずかでも伴っているのなら、それは結局ひとりよがり、自己満足のプレゼントにしかならないのです。

また、自分を犠牲にすれば、心のどこかが必ず涙を流します。その涙はやがて、〝自分はこんなにしてあげたのに、相手はちっともしてくれない〟という誰かへの怒りや恨みに変わっていくのです。そして、それが積み重なると、〝乙女のしあわせ循環経路〟をせき止める原因になってしまうのです！

だから、もしあなたが自分を犠牲にすることで、相手を幸せにしてあげようと一生懸命がんばっているのなら、今すぐやめること。その方法ではいつまで経っても相手も、自分も幸せにすることはできないのだから。

『私たちが愛する人々の幸福を願うのは当然である。だが、自分達の幸福を棄ててまでこれを願うべきではない』
バートランド・ラッセル

どんなに、自分を犠牲にしたって
ひとつも、ぜんぜんよくならない

そう、

我慢では
厳しさでは
怒りでは
押しつけでは

自分のこと幸福に導けない
そう気づきはじめてるけど

また、一発パンチしちゃうんだ

できたアザを得意気に見せびらかした昨日
目の下のクマを勲章にして走り続ける今日

がんばって高いところまで飛んだはいいけど
頭を打って起き上がれなくなる明日を控えて

自分自身を犠牲にし続けるこんな毎日の先に
目指す幸福はあるの？　って途方に暮れてた

でもそんな無意味な戦いは、一秒前に終わったの

これからは、今まで痛かったぶん
これからは、今まで苦しかったぶん

自分にうんと、やさしくしよう
うんと、うんと、やさしくしよう

やさしくするとは、できるだけあなたの本音を尊重してあげること。

でも、わたしたちは、周りの目を気にして自分の本音をいつも押し殺してしまうものです。

たとえば、午前中に仕事が山のようにあって、ようやく迎えたお昼の時間。「今日は、早めにご飯に行きたいな」って思っているのに、「周りのひとになんて思われるかな」と気になって、その言葉を飲み込んでしまったり。自分の仕事は終わったから早く帰りたいけど、「周りのみんなになんて思われるかな」と気になって、その気持ちを抑えてしまったり……

こんな小さな我慢が、あなたの心を乾燥させてしまういちばんの原因です。

そう、あなたの心は、お肌と同じ。気をつけていないと、すぐに乾燥しちゃうのです!

乾燥するということは、自分の器に満ちた〝潤い〟がどんどん減っていくということ。

それは、相手に与えられる幸せが減ってしまうということでもあります。

だからこそ、**毎日の中で自分の本音をできるだけ尊重してあげること**が大切なのです。

たとえば、早く帰りたい日は、できるだけ早く帰る。おいしいものを食べたい日は、できるだけおいしいものを食べる……こんなふうに、毎日の中のちょっとした瞬間に自分の本音を〝できるだけ〟優先し、大切に扱うようにしてみると、どんなに乾燥していた心もあっという間に潤いを取り戻していくのです。

我慢は、心の乾燥の大敵。

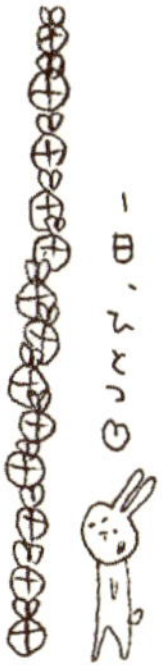

あなたの心をぐんと潤わせるとっておきのチャンスは、ありふれた毎日の中で訪れます。それは、**ふと「○○したいな～」「○○食べたいな～」と感じたとき**。そのときに、我慢しないで、すぐにその欲求を満たしてあげると、心はぐんと潤うのです。

たとえば、「休みたいな～」と感じたら、すぐに休む。「甘いものを食べたいな～」と感じたら、すぐに食べる……というふうに。特別なことではなく、今、手を伸ばせばすぐにできることをするだけでいいのです。今日はお風呂に長く入りたいなと思ったら、そうしてみるだけで、今日はオシャレしたいなと感じたら、お気に入りのワンピースを着て出かけるだけで、心は満ちていくのです。そう、日々の暮らしの中で、自分がしたいと感じた小さなことをひとつずつ、ちゃんと叶えてあげることが心を満たすカギなのです。

もちろん、あなたがそうしたいなら、休みの日には一日中パジャマのままでゴロゴロしているのもあり。**〝だらしないこと〟や〝すてきじゃないこと〟をする日だって、心を潤すために、とても大切**なのです。

また、心は肌と同じように、満たしても、一晩寝れば、また乾いてしまうもの。

だから、毎朝毎晩、化粧水を欠かさずつけるのと同じように、毎日ひとつは自分の心を満たす小さな何かをしてあげることが大切です。たとえ、一粒のチョコレートだって、一杯のホットミルクだって、**〝自分のために〟**何かをしてあげることを心がけましょう。そう、お肌だけではなく心だって、毎日欠かさずに満たしてあげなくちゃいけないのです！

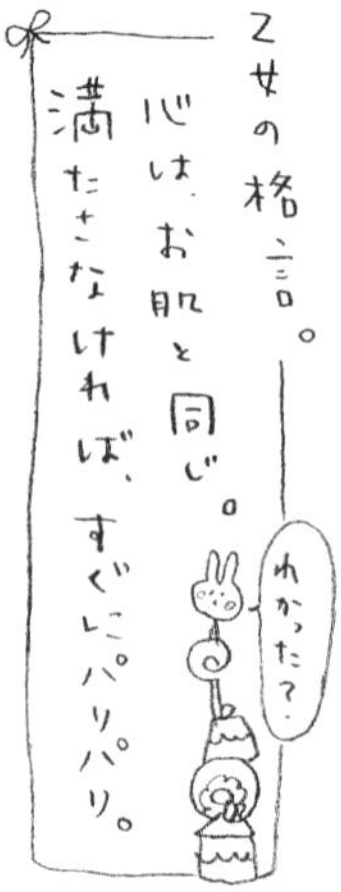
乙女の格言。
心は、お肌と同じ。
満たさなければ、すぐにパリパリ。
わかった？

〝欲しいきもち〟を自分で満たす。これ、乙女の掟なり。

このように、自分の〝**欲しいきもち**〟を自分でしっかり満たすようにすると、それに反比例して、どんどん減っていくものがあります。それは、誰かに〝**求めるきもち**〟です。

実は、これが人間関係を良くするためにとても大切なことなのです！

たとえば、「あれして欲しい！」「これして欲しい！」って誰かから求められたとき、なんだか重たく感じたり、不快な気持ちになったりしますよね。誰かにプレゼントをあげようと思っていても、「ちょうだい！」と言われた瞬間に、あげたくなくなってしまうことだってあります。こんなふうに〝求められること〟に対して〝いやだなあ……〟と拒絶感や不快感を感じてしまうのが人間です。

でも、そうならないようにと気をつけていたって、心の中に満たされないものがあれば、どうしても誰かに求めてしまうもの。

だからこそ、自分で自分を満たすようにするのです。そうすると、自然と誰かに〝求めるきもち〟が減っていくので、特別なことをしなくても、人間関係がぐんぐんうまくいくようになるのです。

さあ、何かしたいことがあるときは、**誰かがしてくれるのを待っていないで、自分でしちゃいましょう！** たとえば、すてきなカフェを見つけたら、彼氏に連れて行ってもらうのを待っているのではなく、自分で行っちゃう♡オシャレなワンピースを見つけたら、誰かが買ってくれるのを待っているのではなく、自分で買っちゃう♡

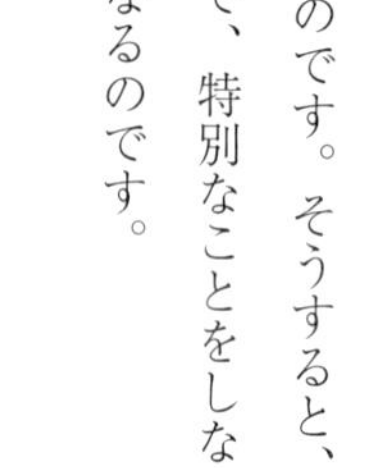

そう、自分の中に〝欲しいきもち〟を感じたら、できるだけ自分の力で積極的に満たすようにするのです！

こんなふうに、自分で自分を満たすようにすると、自分の中にちいさな安心感が生まれます。なぜなら、「**自分でも、自分のことを幸せにできるんだ！**」って分かるから。この安心感が、あなたの世界でたったひとつの素晴らしい魅力を最高に美しく輝かせます！

すると、今度は逆に、みんながあなたに何かしたくなっちゃうのです。それは、あなたが魅力的で輝いているひとには、自然と何かをしてあげたくなってしまうように。

そう、求めなくても、自分で自分を満たすようにすれば、いろいろなことをしてもらえるようになるのです！　さらには、大切に扱われたり、誰かからほめられたりすることが多くなったり……一石二鳥どころではない、すてきなおまけがたくさんついてきます！

だから、賢い乙女は先手必勝!!　いつまでも「誰かやってくれないかな……」と待っているのではなく**〝自分の欲しいきもちは、一番先に自分で満たしちゃう♡〟**ことが大切です。

さあ、今週末は、〝ひとり時間〟の魔法にかかろう♡

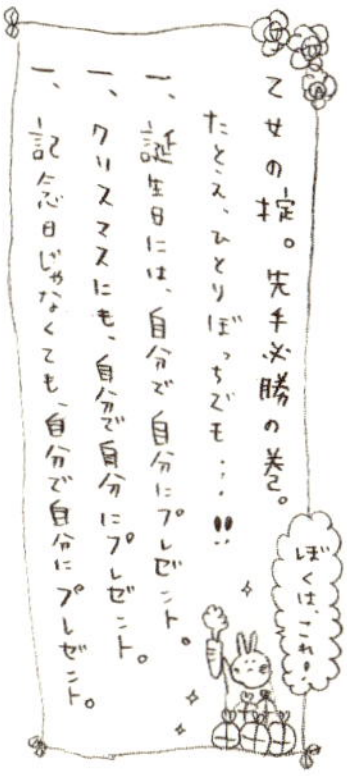

また、心を潤わせるためにとても効果的なのは、**〝ひとり時間〟**です。
たとえば、ひとりで、街の中を歩いてみるだけで、いつもと違った風景に出逢ったり、新たなことを発見できたりすることがありますよね。こんなふうに、自分の心の持っている素晴らしい力を目覚めさせることができるのが〝ひとり時間〟の魔法なのです。

ひとりになれば、他に誰もいませんから、自分で自分を楽しませるしかありません。ひとりなら、話し相手は他にいませんから、自分自身の心の声を聴くしかありません。そう、ひとりになると、自分の心としっかり向き合わざるをえなくなるのです。すると、自分の心が求めているものを正確に感じとれるようになり、毎日の暮らしの中で、より自分の心の器をしっかりと満たすことができるようになります。

このように、ひとりの時間は、自分でしっかり自分を満たし、自分で自分を支えていくためにとても大切な時間です。だから、「ひとりなんてイヤ！」なんて言ってないで、今週末こそ、ひとりで好きなものを食べに行ったり、ひとりで好きな映画を観に行ったり……あなたも〝ひとり時間〟の魔法を使ってみては。もちろん、ひとりでお散歩するだけでも大丈夫。大切なのは、**家の中でじっとしているのではなく、どこかに出かけてみるということ**です。そうすれば、きっと心が潤いで満たされ、月曜日からの一週間、いつもよりずっとおだやかな気持ちですごせるようになるはずです♡

午前5時。

街が目覚める前のひとりの時間は
全てが清らかな輝きを放ち
まるで宝箱の中にいるみたい

空の色とか、雲の動きとか
当たり前のひとつひとつが
喜びとともにわたしの中に
飛び込んでくる

そんなことに感動しちゃうのは
朝の澄んだ空気の魔法？
少しずつ明ける空の魔法？
それとも、ひとりの時間の魔法かな。

そう、わたしも人間のひとりなら
きっと、慣れていく生きもの
きっと、忘れてしまう生きもの

だから、ひとりになると
自分の輪郭が際立って

いつも人ごみの中で、
もみくちゃにされてる

あったかい気持ちが、あふれだす

たくさんのひとがわたしを育ててくれてるんだって
たくさんのものがわたしを支えてくれてるんだって

心にそっと、やさしい灯がともる

そう、今はこんな小さなわたしでも
ぐんぐん育って、すくすく伸びて

いつか、きっとあなたの役に立つよ

『今回、わたしが大きく変化できたことに対して、お礼が言いたくて手紙を書いています。
この本に出逢ったときは、彼氏にふられてしまい、ボロボロの状態でした。
本を読んでみて、どれだけ自分のことを大切にしていなかったかということに気づきました。周りを見たら寄せ集めの家具と何でもいいやと思って着ていたパジャマ。それから、少しずつ自分がいい気持ちですごせるように心がけていたら、周りは大好きなものばかりになって、ただ寝るだけだった家が、ホッとする大好きな空間になりました。
仕事をしていても周りの人が助けてくれるようになったり、小さなことに感謝できるようになりました。ずっと〝辞めたい。〟が口ぐせだったのが減りました。一昨年前までは自分が何を好きなのかすらもわからなかったのに、今は博物館に行ったり、家具や小物を探しに行ったりと趣味になりつつあるものが増え、土日がとても楽しいです。家族にも変わったと言われました。他にもいっぱい変化して嬉しいことがあります。いちばんは、大好きなひとができたことです。何かいいことがあったら、また手紙書きますね！』

（編集部に届いたお便りを一部編集し、ご紹介させていただきました）

乙女ボイス。

人間関係は、わたしたちを育ててくれる土壌のようなものだから。

『良い作物を作るためには、〝土〟こそが決め手になる』と言います。なぜなら、作物を育てるため栄養分は、土から汲み上げられるから。だから、豊かな土に植えられた作物は自然とすくすくと育つけれど、痩せた土に植えられた作物はなかなか育たないのです。

実は、これと同じことが、あなたとあなたの周りのひとの間にも言えるのです！

たとえば、**あなたが作物だとするなら、土にあたるのはあなたの周りのひとたち**になります。そう、あなたがすてきに成長できるか、どれだけ幸せな未来を叶えていけるかどうかの鍵は、あなたを育ててくれている土壌である人間関係こそが握っていたのです！

だからなんと言っても、こだわるべきは土！　まずは、自分をいい土に根付かせることが何よりも大切なことなんです。

いい土とは、あなたと相性の良い土のことです。それは、「みんながいいって言うから」

とか「あの土はいいらしいよ！」という周りの評判や「あのひとが、あの土ですてきに育っているから」という理由で決められるものではありません。

それでは、どのようにして〝いい土〟を判断したらいいのでしょう？

実は、土を選ぶ決め手となるのは、**〝居心地の良さ〟**です。なんとなく心が落ち着くとか、なぜかわからないけどホッとするとか、なんだか幸せなきもちになれる……というように、理由や理屈を抜きにした〝心地良い感じ〟こそが、あなたをすくすく育ててくれる相性の良い土の証なのです。

だから、迷ったときは、あなたの感じる〝心地良さ〟を頼りにしてください。このひとと一緒にいるといいことありそうとか、一緒にいたら人間関係が広がっていくかも……と損得を考えて決めてしまうのは、とても危険なこと。そうやって選んだ土は、あなたにとって、相性が悪い土である可能性が高いからです。「なんとなく」や「なぜかわからないけど……」という感覚は、一見、頼りにならなさそうな感じがするものですが、思い切って、それを信じることこそが、自分自身を〝いい土〟に根付かせるために、とても大切なことなのです。

初めて逢ったひとこそ、〝なんとなく、イイ感じ♪〟で決める!!

でも、「本当にそんなふうに決めて大丈夫なの?」って不安になってしまうなら、ちょっと思い出してみてください。ひととひとの間を結んでいたのは〝運〟だったということを。

だから、あなたが誰かと初めて逢うときは必ず、**〝運の審査〟**があるんです。それは、彼を初めてお父さんに紹介するときのように。

そして、運からの合否は、あなたが感じる〝なんとなく〟を通じて伝えられてくるんです。

つまり、**〝なんとなく、イイ感じ♪〟**なら、ちゃんと運からお墨付きをいただいたということ。逆に**〝なんとなく、イヤな感じ〟**なら、不合格ということなんです。

こんなふうに、初対面で感じた居心地の良さを頼りに自分の人間関係を決めていくと、お互いにとって、とてもいい影響を及ぼし合うことができるようになります。

それは、ふたりを超えた〝運〟が、認めた仲だから♡

だから、賢い乙女は、人間関係を「なんとなく感じる居心地の良さ」で決めているのです!

さあ、よく食べ、よく寝て、本来の〝ふんわり♥まろやか〟をとり戻そう！

そうは言っても、「居心地の良さって、感じるのが難しい……」と思うひとも多いはず。でも、居心地の良さを一ミリ単位で感じ取るバッグンの感覚は、わたしたちに生まれつき備わっているものなんです。毎日いろいろと忙しかったり、大変なことが多かったりして、知らず知らずのうちにその感覚が鈍ってしまっているだけなので、安心してください。

居心地の良さの感度をとり戻すためには、生理的欲求を大切にすること。その中でもとくに大切なのは、食欲と睡眠欲です。つまり、**栄養のある美味しいものをしっかりと食べ、十分な睡眠をとること。**それだけで、居心地の感度はぐんぐん復活します。

逆を言えば、睡眠不足が続いているときや、お腹がすいているときなどは、その感度が鈍ってきているときだということ。だから、「お腹すいた」「眠たい」という状態で自分を長い間放りっぱなしにしておいてはいけません。

また、**〝心地良いもの〟に囲まれて生活してみること**も、とても有効な方法です。

たとえば、いつも寝ている枕のカタさや布団のやわらかさ、いつも使っているタオルやパジャマの肌触りなど、ひとつひとつ〝自分が本当に心地良いと感じられるもの〟を選ぶようにしてみてください。「まあ、これでいっか～使えるしね！」ではなく、〝**わたしをいちばんいい気持ちにしてくれるものは何だろう？**〟と、自分自身に聞いてみるのです。

このように、何気なくすぎていく日々の暮らしの中のひとつひとつの場面で自分の感じるいいきもち、快適さ、心地良さのレベルを上げてみるのです。普段から自分の好きなものに囲まれ、いいきもちで生活していると、自然と心地良さの感度はぐんぐん高まります。

なぜなら、そのように暮らしていると、心がまるでソファのようにふかふかでやわらかい、ふんわり♥まろやかな状態に戻っていくから。そうすると、そこに誰かや何か（出来事）が座ったときに、それが自分にとっていいものか、そうではないものかということが的確に心の中に響いて来るようになるのです。

そう、心は本来、ふんわり♥まろやかなもの。そして、ふんわり♥まろやかの中にこそ、心地良さを感じとるバツグンの感度は備わっているのです！

『実は私、どうすれば自分のことをうまくコントロールできるだろうとか、どうすれば素敵な彼ができるだろうとか、ずっとずっと試行錯誤していて、ビジネスマン向きの成功哲学やら、巷で噂のモテ本やら、片っ端から読みまくってました。もう何十冊も読みました。それぞれ素敵な本だったのですが、どうしても無理な部分があったり、できなくて逆に自己嫌悪になってしまったり、計算通りに目標にたどりつかなかったり、途方にくれてました。自分は一生このままなのかな、と思ってました。自分にすごく自信を無くしていました。そこで出会ったのが、このシリーズの本でした。

今まで読んだどの本よりも、すとんと納得できて、可愛くて、すごく具体的に実践方法が書いてあって、そうか、自分に一番足りなかったのは自分を愛することだったんだって気付くことができました。そこを外してたら幸せになれませんよね（笑）。そしたら自分でも気持ちがいいし、なんだかイイカンジ♪で、運が良くなってきました！　びっくりです！

本も全巻ゲットして、枕元に置いてます♪』

（読者の方から届いたメッセージから一部編集し、ご紹介させていただきました）

乙女ボイス。

上を目指すなら、土台を強化。強化。いちばん強化！

雨の日があり、晴れの日があり、風の日があり、ときに嵐の日がある……なんて、週間天気予報のように乙女の心の空模様は、ころころ変わってしまうもの。

だからこそ、いつの日も倒れないように、土にしっかりと支えてもらうことが何よりも大切です。

また、夢を叶えたり、上を目指すためには、「飛翔！」「一発奮起！」のような大胆なことをしなくちゃいけないようなイメージがありますが、実際は、そうではありません。

実は、上を目指すということは、今いる土の上からまっすぐ上に伸びて行くということなのです。

だから、**夢を叶えたり、上を目指したいときほど、土台である〝土〟が肝心！**

上にあるものは、一見華やかなもの。憧れるキラキラしたものですが、それに目を奪われてばかりいては、下の土台が弱くなってしまいます。自分の足元がぐらぐらしていたら、ジャンプすることもできませんし、狙ったものに的確に手を伸ばすこともできません。だから、何か叶えたいことがあるときほど、まずは、土台を強化することが賢い乙女のやり方です。土台を強化すれば、黙っていても自然と上に伸びて行くことができるからです。

それでは、どうすれば土台を強化することができるのでしょうか？

まずは、倒れないように、しっかりと支えてもらうこと。

そのためには、まず自分が今、根付いている土の性質をよく知っておくこと。

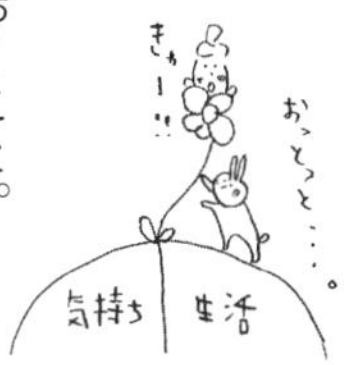

実は、わたしたちが根付いている土には、大きく分けて２つの側面があります。
それは、〝**気持ちの側面**〟と、〝**生活の側面**〟です。
気持ちの側面は、いつもわたしたちを精神的に近い距離で支えてくれるひとたちがつくってくれているものです。たとえば家族、友人、恋人など、落ち込んだり、悲しくなるときに励まし、起き上がらせてくれるひとたちがその中に含まれます。

生活の側面は、わたしたちが生活をしていく上で、必要とするたくさんのひとたちがつくってくれているものです。たとえば、スーパーのレジ係のおばさん、いつも行くカフェの店員さん、警備員のおじさん、受付のお姉さん、タクシーの運転手さん、お掃除のおばさん、いつも来てくれる宅配便屋さん……などがその中に含まれます。

この2つの側面に、たっぷりと愛情とやさしさを注ぐことが、わたしたちがいつの日も元気に育ち、風や雨の中でも倒れないようになるための秘策なのです。

小さな〝ていねいに♪〟&「ありがとう♡」があなたの土台を強くする！

気持ちの側面の中心部分にいるのが、家族です。だから、家族と仲良くしたり、家族と円満にすごすという努力はもちろん、ふつうの毎日の中で、できるだけ〝ていねいに♪〟と「ありがとう♡」を意識して接することが大切です。そう、この**〝ていねいに♪〟&「ありがとう♡」こそ、あなたの土台を強化する特効薬**なのです！

たとえば、何かをしてもらったら、ちゃんと「ありがとう♡」と言うこと。メールの返事は早めに返すこと。すると言ったことは、ちゃんとすること。離れて暮らしているなら、できるだけ電話をするようにすること……当たり前の毎日の中でついつい後回しになってしまうことを〝ていねいに♪〟伝えていこうとすることで、あなたの土台は揺るぎないものになっていきます。

また、たまには家族のことを〝他人〟だと思って接してみることもいい方法です。

たとえば、離れて暮らしていると、フルーツや野菜、身体にいい食べものなどを送ってくれることがありますよね。それは、両親だからといってしまえば、当たり前なのかもしれませんが、もし他人だったら、「こんなにしてくれるなんて！」と感激してしまうはず。

そう、ほんとうは、家族といえども、他人なのです。

だから、家族がしてくれることも、決して当たり前ではないのだという意識を心の片隅に置いておきましょう。そうすれば、〝ていねいに♪〟が自然とついてくるようになります。

意識しなければ「ありがとう♡」も〝ていねいに♪〟もいちばん疎《おろそ》かになってしまいがちなのが、家族の間。だからこそ、いつも「忘れていないかな？」と自分自身をふり返ることが大切です。そして、**忘れていたら思い出し、また忘れたら思い出し……**を繰り返し**ていくこと**で、気持ちの側面が、だんだんしっかりとしてくるのです。

誰の心も、放っておけば感謝の気持ちを忘れ、気づかないうちに礼儀を欠いてしまうものです。とくに、自分の近くにいるひとにほど乱暴な言葉遣いになったり、いつもそばにいてくれることを当たり前と思いがちになって、ついついありがとうの気持ちを忘れてしまうもの。だからこそ、家族や友人、恋人など近くにいてくれるひとほど、ていねいに、感謝の気持ちを忘れずに接するように心がけるようにしましょう。

このように、自分を支えてくれるしっかりとした土台は、ひとりひとりに対する小さな「ありがとう♡」を〝ていねいに♪〟つみ重ねていく毎日の中でつくられていくのです。

それから、すれちがうだけのひとにも、ていねいに♪

次は、生活の側面を強化していきましょう。生活の側面を強化する方法も気持ちの側面と同様〝**ていねいに♪**〟&「**ありがとう♡**」**が基本**です。

違うのは、わたしたちの生活の側面を支えてくれているひとたちに出逢

うチャンスは、いつも一瞬だということ。だから、その一瞬を逃さないことが大切です。

たとえば、コンビニで何かを買ったら、レジ係の人にすぐに、「ありがとうございます♡」と言ってみたり。バスに乗るときに、すぐに、「お願いします！」と声を出してみたり。宅配便の人が来たら、すぐに笑顔で受けとってみたり……そう、〝すぐに〟こそ、生活の側面を強化する上でとても大切なポイントなのです。その小さな一瞬を毎日、少しずつつみ重ねることで生活の側面がしっかりとしてきます。

何度も繰り返しますが、わたしたちの心は放っておけば、感謝と礼儀を忘れていくもの。それは、すべてのひとが持っている心のクセのようなものなのです。だから、いつも自分で自分のことを「だいじょうぶかな？」とふり返るようにすることがとても大切です。

なぜなら、わたしたちを支えてくれている土台は足元にあるものだから。足元は、自分で見ようとしない限りは、見えないものです。だから、できるだけ意識をするようにして、**小さな〝ていねいに♪〟&「ありがとう♡」を繰り返すこと**が大切です。最初は少し面倒くさく感じられても、繰り返すことで習慣になり、自然とできるようになります。


『何事にも訓練が大切だ。桃も昔は苦いアーモンドだった。カリフラワーも大学教育を受けたキャベツに過ぎない』　マーク・トウェーン

やっぱり、最後は、運だから。トリプル効果のすごい〝魔法〟をお試しあれ。

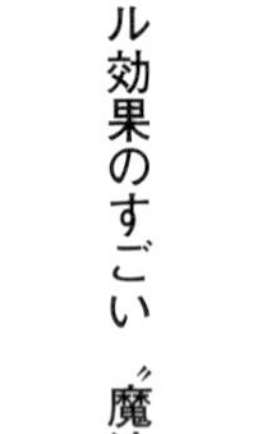

こんなふうに土台を大切にした暮らし方をしていると、自然と運からも好かれるようになるんです。それは、「風の前の塵《ちり》に同じ」と古くからの言い伝えにもあるように、**大きな〝運〟の前には、ひとはみなチリのように小さく儚《はかな》い存在**だから。どんなに偉いひとだって、〝運〟にとってみれば上も下もない平等な存在なのです。だから、そういう広い心で、誰にでもやさしく、ていねいに接するひとのことを、運は好きになるのです。

そう、わたしたちは、同じひとつの大地の上に立っています。そして、わたしたちは、同じ人間です。〝天は人の上に人をつくらず、人の下に人をつくらず〟という言葉があるように、わたしたちは、みんな平等につくられています。本当は、上とか下なんてないのです。上や下を感じてしまうのは、人間の狭い心の表れでしかありません。

それに、ひとりひとりを、差別することなく、ちゃんと大地の上に立っている自分と同じ〝ひとり〟として、誰にでも平等に、ていねいに、やさしく接することを心がけ、自分を支える揺ぎない土台をつくっておけば、たとえ苦しいことや悲しいことがあったって、みんなに支えられ、愛されて、ちゃんと自分の心の栄養にしていくことができるのです。

だからこそ、上よりも、下。**わたしたちの足元にある〝土〟がいちばん大切**なのです。

また、上を目指そうとするときにはどうしても、自分よりすごいひと、自分が憧れるひと、自分より地位が高いひとに好かれようと努力してしまうものですが、そんなときこそ大切にしなくてはいけないのは、自分の土台をつくってくれているひとたちなんです。だって、土台が弱くなったら、わたしたちは、倒れてしまうのですから。だから、誰にでもやさしく、ていねいに。それを、**誰も見ていない場所でこそ心がけること**です。

なぜなら、誰も見ていない場所でも、〝運〟はいつもあなたのことを見ているからです。

「誰も見ていないから、いいや……」って感じる場所ほど、運はしっかり見ています。

だから、ありふれた毎日の、特別じゃない、誰も見ていない、ほんの一瞬のひととの触れ合いの中に、ていねいに、ありがとうの心を込めること。そして、そんな毎日をコツコツ、つみ重ねること。これこそ、運に好かれ、土台を強化し、夢を叶えるチャンスまで呼び込む、**トリプル効果のすごい〝魔法〟**なのです！

〝風の前の塵に同じ〟と
いつか誰かが言ったけど

どんなに強く見えるあのひとも
どんなに素敵に見えるあのひとも

みんな不安を抱えてる？

もし、あなたがそうだよと言って
日が暮れるまでわたしのこと
抱きしめてくれたとしても

わたしの心の中で、どうしようもない不安は
夜のはじまりとともに、また、暴れはじめる

そんなときは、そっとひとり目を閉じて
そっと、言い聞かせるんだ

だいじょうぶだって
きっと大丈夫だって

いつも守られているから
いつも支えられているから
いつも愛されているから

きっと、いつか奇跡が起こるから
絶対に、絶対に、だいじょうぶだって

『なんとなんと、
〝一番いきたいなー〟
と思っていた大学に
今日合格しました！

本当にうれしいです！
この本のおかげです！
本当にありがとうございます！

これからは、今までお世話になった
周りのひとたちに感謝をしたいです』

（読者の方のお便りを編集し、
掲載させていただきました）

乙女ボイス。

3

さあ、みっつめの乙女れしぴへ。

これであなたの心が、バラ色に♡

ここからは、心の健康を守り、すべてを叶える魅力を手に入れるための3つめの乙女れしぴ。

わたしたちが、毎日元気ですごせるのは、ちゃんと体にいいご飯を食べているからです。同じように、心が元気でいるためにも、ちゃんと心にいいご飯を食べさせてあげることが大切なのです。それでは、心のご飯とは一体何でしょう?

それは、わたしたちが毎日の中で感じる〝**きもち**〟のことです。

そう、わたしたちはありふれた毎日の暮らしの中で、何かを感じたり、何かを思ったり、何かを考えたりすることで、気づかないうちに、心にご飯を食べさせ、心を育てていたのです!

だからこそ、ちょっと意識するようにして、心が喜ぶものを食べさせるようにすること。

そうすれば、いつの日もあなたの心の健康をしっかり守ることができるようになります。

心が健康であれば、自然とあなたの持つ世界一！の魅力は輝き出すもの。そして、**その魅力さえ輝けば、あなたの望むすべてを惹《ひ》きつけることができるようになる**のです。

もちろん、あなたのことをずっと探してる運命の王子様だって♡

さあ、それでは、あなたの心が喜ぶ〝**乙女ごはん**〟をご紹介しましょう!!

『魅力があれば他に何もいらないが、それがなければ他にどんなものを持っていても仕方がない』
ジェイムズ・マシュー・バリュー

心が喜ぶ♥5大乙女ごはん。

1　うれしい♥
2　たのしい♥
3　しあわせ♥
4　だいすき♥
5　ありがとう♥

※その他、理由のない幸福感いろいろ。

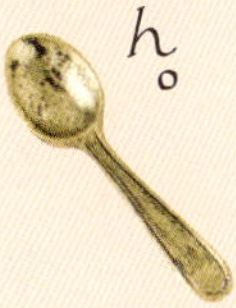

乙女ごはんを食べさせるには、〝感じる〟〝見つける〟〝喜ぶ〟だけでOK♡

そう、あなたが毎日の中で、嬉しいとか、楽しいとか、幸せとか、大好きとか、ありがとうという〝きもち〟を感じるだけで、心が喜ぶ乙女ごはんを食べさせることができるのです！

もちろん、心が喜ぶ乙女ごはんはまだまだたくさんありますが、すべてに共通するポイントは、**理由がない幸福感である**ということです。なんだかあたたかいきもち、なんだかやさしいきもち、なんだかおだやかなきもち……つまり、**〝なんだかいいきもち〟を感じることはすべて、あなたの心が喜ぶ乙女ごはんになる**のです。

こういった乙女ごはんを普段から積極的に食べておくようにすると、あなたの魅力は、自然とぐんぐん高まります。

そう、誰かの心をうっとりさせる魅力は一朝一夕にして身につくものではありません。でも、毎日の中で、心が喜ぶ乙女ごはんをしっかり食べつづけることで、必ず身についていくもの。そうして培った魅力こそ、あなたの運命をきめる大勝負（もちろん、恋♡）のときに、あなたに軍配があがる決定的要因となるのです。

だから、〝**見つけること**〟が大切です。そう、特別なことをしなくても、ありふれた毎日の中にはちいさな幸せや喜び、ありがとうを感じられることはいっぱい転がっているもの。いつもは見落としてしまいがちな小さな幸せを見つけるようにするだけで、心が喜ぶ乙女ごはんをたくさん食べさせることができるのです。

たとえば、いつも通る道端にお花が咲いているのを見つけたり、いつものカフェで店員さんの笑顔を見つけたり、いつもの歩道橋の上で青い空を見つけたり……そう、**いつも通りの毎日の中にこそ、あなたの心が喜ぶ乙女ごはんは、たくさん隠れていた**のです!

そう、魅力的になるために必要なのは、痛くて辛い『自分磨き』ではありません。それは、虫眼鏡で見るように小さな幸せまで、ちゃんと〝**見つける力**〟なのです。そうやって、毎日の中で、心を喜ばせれば、喜ばせるほど、あなたの魅力は高まり、それが幸せな恋や大きな夢を叶えることへとつながっていくのです。

それでは、ここからはちょっとスペシャルな、あなたの心の魅力をぐんぐん育てる乙女ごはんをご紹介します!!

ちょっとスペシャルな、乙女ごはん。

ふんわり♥干したお布団のお日様の香りにつつまれてみる。
うっとり♥いつか行きたい南の島の写真集を眺めてみる。
ふわふわ♥マシュマロを一袋かかえながらすごしてみる。
ゆったり♥窓の外をぼーっと見つめる。雲の流れを目で追ってみる。
ぽかぽか♥日曜日の午後、お昼寝をしてみる（もちろん寝過ごす）。
ぽわぽわ♥ちょっととぼけてみる。わからないふりをして、彼氏に甘えてみる。
うきうき♥3日後のデート。なにを着ていこうかたくさん迷ってみる。
うはうは♥嬉しすぎて、浮き足立っちゃうようなことを想像してみる。
きゃーきゃー♥公園で少女のようにはしゃぐ。シャボン玉と一緒に。
うふふ♥ケーキバイキングにひとりで出掛ける。全部ひとりじめしちゃう。
むふふ♥叶えたい夢をノートに描いて、叶ったような気持ちになってみる。
ふふふ♥好きなひとの前で、こんなふうに可愛く笑えるように練習してみる。

きゃっきゃ♥友だちとおしゃべりしてみる。恋のこと。いろんなこと。
きらきら♥キラキラしているものを身に付けて、オシャレしてみる。
くすくす♥お笑いのＤＶＤを観まくる。ちょっとだけマネをしてみる。
すやすや♥寝る前にホットミルクを一杯。ハチミツ入りで。たっぷり♡
にっこり♥いいことが起こってほしいなら、先どりしてみる。もちろん連発！
ほわほわ♥たまには、お料理をつくってみる。あったかいうちに食べる。
ほやほや♥デパ地下に寄って、たまには肉まんでも買って帰ろう♪
わーい♥ずっと欲しかったものを自分で自分にプレゼントしてみる。
やったー♥美容院で思い切ってイメチェンしてみる。もちろん大成功！
わー♥突然ママに電話して〝いつもありがとう〟って言ってみる。
すてき♥鏡に向かって、毎朝自分につぶやいてみる。「今日も、すてき♡」
まったり♥なんにもせず、ぼーっとする。ぼーーーーっとしてみる。
その他、〝なんだかいいきもち〟になれるものは、なんでもＯＫ♥

念のため、あなたの心を
やせ細らせちゃう乙女ごはん。

がーん。……未来に希望がもてない、絶望感。
はらはら。……心配や不安で、心が落ちつかない。
べっとり。……べたべたしてる。不快感。
ねちねち。……しつこい。とにかく、ヤな感じ。
ぱりぱり。……乾燥して、心が今にもひび割れそう。
とげとげ。……誰かに八つ当たりしたくなる気分。
むかむか。……そのまま放っておくと、爆発3秒前。
など、ありとあらゆる不快感、いろいろ。

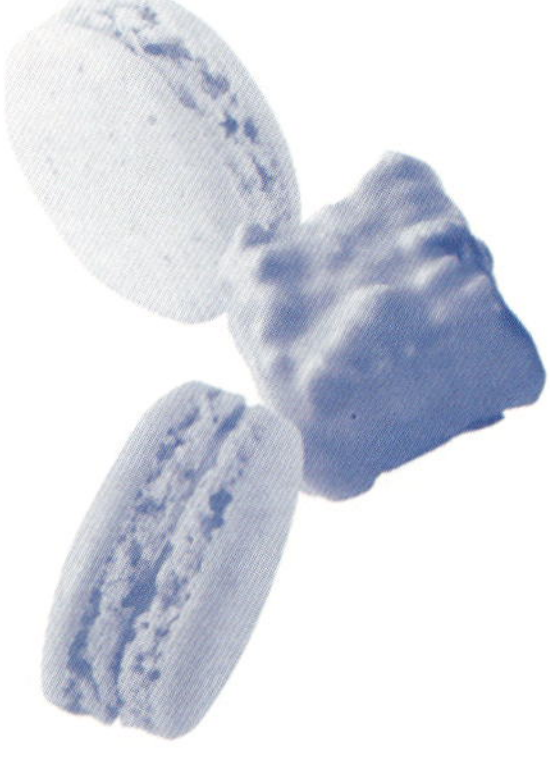

だって、心は自分の子どものようなものだから。

大切なことは、あなたの心は、自分の力ではご飯を食べることができないということ。そして、自分の心にご飯を食べさせることができるのは、自分しかいないということです。そう、**心は自分の子どものようなもの。わたしたちはその親**なのです。

親であるわたしたちの役割は、子どもが元気に育ってくれるよう、ちゃんと心にいいものを食べさせること。自分の子どもの運命は、わたしたち親の手にかかっているのです！

だから、心によくない乙女ごはんには、注意しなくてはいけません。そんなものばかり毎日食べさせていたら、心はどんどんやせ細り、あなたの魅力は奪われていく一方です。

もし、心によくない乙女ごはんを食べすぎて気分が晴れないというときは、心が喜ぶ乙女ごはんを食べる時間を増やすようにしてみましょう。心が喜ぶ乙女ごはんをたくさん食べれば、自然と心はその健康な輝きをとりもどしてくれるのです。

そう、すてきな恋や夢を叶える力、欲しいものを全部手に入れるその力は、**〝毎日心が喜ぶ乙女ごはんをしっかり食べて、心の健康を守り、その魅力をちゃんと育てておくこと〟**から生まれるものだったのです！

心の魅力を一気に引き出す最高の乙女ごはんは、心ときめく軽やかなきもち。

たとえば、街を歩いていて、ショーウィンドーにすてきな宝石が飾られているのを見たとき、「わぁ♡」って心がときめいちゃうことってありますよね。

こんなふうに、**心ときめく軽やかなきもち**こそ、どんな自分磨きをするよりもあなたの心の魅力を一気に引き出し、輝かせてくれる最高の乙女ごはんなのです。

だから、そのことを考えるとうきうきしちゃうとか、何かにわくわくする瞬間とか、なぜかわからないけど心のどこかでスキップをしているような感覚になるような場所にたくさん出かけてみてください。

でも、軽やかなときめきは、チョウチョのようなもの。一瞬で目の前を通り過ぎちゃうから、意味がないんじゃないのかな……って思ってしまうけど、それでいいんです。なぜなら、ときめいたその瞬間に、ちゃーんと心は最高の乙女ごはんをいただいているから。

だから、たとえはるか遠くの憧れでも、すてきなものやきれいなものを見て「ああ、いいなあ」「すてきだなあ」って感じ、うっとりする一瞬がとても大切。そう、〝ときめいただけで、まるもうけ♡〟なのです。

『毎日を生きよ。あなたの人生が始まった時のように』ゲーテ

だって、わたし一生乙女だもの

どんなにどんなに忙しくたって
きらきら輝くものに惹かれる心は
虹色に輝くものに憧れる心は
絶対になくならないから

だから、探そう、街を歩いて

ショーウィンドーの中の宝石にみとれたり
ケーキ屋さんの前で、立ちどまってみたり

ほんとうは、街中にあふれてる
ちいさなときめきをつかまえて

いっぱい、いっぱい、つかまえて

たのしいきもちは、あなたのすてきな夢の扉を開く最高の乙女ごはん。

もし、あなたに「夢中になっちゃう♡」「時間が経つのを忘れちゃう♪」くらいたのしいきもちを感じられることがあるのなら、それこそ、あなたのすてきな夢の扉を大きく開く最高の乙女ごはんです！　だから、それをやってみる時間を1日1分でも、1週間に1度でもつくるようにしてみてください。

大切なのは、たとえすぐに大きな変化が表れなくても続けることです。

ほら、どんなに栄養のあるご飯だって、一度だけじゃその効果はなかなか感じられないけれど、食べ続けることで、徐々に体に変化が表れてきますよね。乙女ごはんも、これと同じなのです。一度だけじゃなく、何度も味わってみることで、その効果は必ず表れてきます。

もちろん、そんなに楽しめることがなくたって、だいじょうぶ。ちょっと楽しいと感じることをやってみるだけだって、同じように、心に最高の乙女ごはんを食べさせることができるのです。さあ、今すぐにできるちいさな楽しいことを探してみてください。

たとえば、オシャレをすることでも、絵を描くことでも、カフェに行って本を読むことでも……それが、日々変わっても構いません。何でもいいから、いろんなことを、自分の心が

楽しいと感じるままに、毎日少しずつやってみましょう。そうすれば、目には見えないところで、あなたのすてきな夢につながる扉が、ひとつひとつ開かれていきます。そう、どんな小さなたのしいきもちだって、必ず、あなたを憧れの未来まで連れていってくれるのです！

もし、今あなたにどうしてもやらなくちゃいけないことがあるなら、できるだけ楽しくできるように工夫してみましょう。たとえば、甘いココアを飲みながらやるとか、「これが終わったら、ケーキを食べよう♪」と決めるとか。それだけで、何だか気持ちが軽やかになり、やらなくちゃいけないことだって、楽しくできるようになるものです。イヤイヤやっても、楽しくやっても、かかる時間は同じくらい。だったら、たのしいきもちで片付けて、心に最高の乙女ごはんをいっぱい食べさせてあげる時間にしちゃいましょう！

そして、もしあなたが将来への不安を抱えているのなら、今こそ〝たのしいきもち〟の乙女ごはんを心にいっぱい食べさせてあげることが必要です！　だって今、心が喜ぶ乙女ごはんをたくさん食べて健康な心をつくっておけば、未来だって必ず幸福なものになるのだから。そう、**将来のことが心配になるときほど、今、目の前にあることを楽しみ、毎日の中で小さなたのしいきもちを感じ続けていくことが、なによりも大切**なのです。

『過去にも、未来にも苦しむ必要はない。過去はもう存在しないし、未来はまだ存在していないのだから』　アラン

子どもの頃は、楽しいことしかできなかった

おにごっこ、かくれんぼ
お姫様ごっこ、積み木遊び
ジグソーパズル、お絵描き……

それから、もちろん、おやつの時間！

そう、〝たのしいきもち〟と追いかけっこして
朝から晩まで、ずっと、ずっとはしゃいでたあの頃に

戻りたいなんて
言わないけれど

でも、そんな時間がわたしにもあったのなら
体にしみ込んでいるあの感覚を

もう一度、思い出せるかな
もう一度、思い出せそうかな

そうしたら、灰色のこの毎日も
少しは輝きだすんじゃないかって

そんな気がしてるんだ

ほしいきもちこそ、あなたをすてきな女性に大変身させる最高の乙女ごはん。

〝何かを欲しいと思う気持ち〟って、なんだかいけないこと？　そんなふうにあなたは思っていませんか。でも、ほんとうは、そんなことはないんです。

たとえば、今は当たり前のようにある電気。エジソンがそれを発明するまでには長い長い道のりがありましたが、そのはじまりは、小さな「欲しい！」だったのではないでしょうか。電気なんてなかった時代には、そんなものが欲しいという彼のことを、みんなバカにしたはずです。でも、エジソンは、自分の「欲しい！」を貫き、それを叶えたのです!!

そう、自分の〝ほしいきもち〟って、実は、とっても大切なものなんです。

だから、あなたも自分の〝ほしいきもち〟を大切にしてみてください。

大切にするとは、すぐに否定しないこと。たとえそれが今すぐ手に入りそうなものではなくても、「自分には無理」と諦めてしまうのではなく、そこで一歩踏み出してみることです。

たとえば、欲しいものを街で見かけたら写真に撮ってみたり、雑誌で可愛いものを見つけたら切り抜いてみたり……そんなふうにして一冊のスクラップブックをつくってみましょう！　たとえ、今は無理でも、いつか叶うかもしれないって信じることが大切です。
だって、自分にはどうにもできないことも、〝運〟が何とかしてくれるかもしれないのだから！

そう、**あなたの願いを叶えるのは、あなたではなく、〝運〟**なのです。運を信じることで、自分のほしいきもちを大切にすることができるようになります。

そうすると、その欲しいものにふさわしい自分になるために、わたしたちの心は、自然と成長しはじめます。そう、〝ほしいきもち〟こそ、自分自身をすてきに成長させるためにとても大切なものなのです！

だから、どんな小さなほしいきもちも尊重してあげましょう。それは、あなたを大きく成長させ、すてきな女性に大変身させるはじまりの魔法なのですから。

そう、いっぱい欲しいと思っていいのです。欲ばりに、もっともっと、手を伸ばしていいのです。そんなふうに毎日の中でほしいきもちをひとつひとつ肯定していくことこそ、毎日を輝かせ、自分自身を輝かせ、やがてあなたの人生全体を輝かせていくのです。

『餓えは世界中で最上の調味料だ』セルバンテス

あれも欲しい！
これも欲しい！

そんな気持ちを叶えるために、乙女はきっと生きている！

そう、誰にも言わなくたって
秘めたる想いが心の中にはあるもので

それを手に入れる方法を
寝ても覚めても考えてるのよ

一生懸命、ジャンプしてみたり
椅子を積み上げて、その上にのぼってみたり

そして、落っこちて、痛い目をみる
それでも諦めないで、のぼりつづける

いつか、あの雲に手が届くその日まで

だって、欲望を貫いて、やさしくなった
だって、欲望を叶えて、おおきくなった

そんなひとたちを、たくさん知っているから

だから、いつも自分に正直でいたいと想うんだ
だから、いつも自分にまっすぐでいたいと想うんだ

できるだけ、ねじ曲げたり、偽ったりせずに
欲しいものは、欲しいって、まっすぐに

手を伸ばせる自分でありたいと想うんだ
そんな自分を大切にしたいと想うんだ

たとえ夢みがちだって笑われたって
いつも信じる気持ちを忘れないで

そうだ、シンデレラの言葉を
壁に掲げておかなくちゃ！

If you keep on believing,
the dream you wish will come true!!

ほっとするきもちは、あなたの探しているものが見つかる最高の乙女ごはん。

もし、あなたがずっと夢とか、自分のやりたいことを探しているのに、どうしても見つからないというのなら、そんなときに効くのが**〝ほっとするきもち〟**の乙女ごはんです。

実は、あなたの探している夢があるのは、心の奥のとても深いところ！　そう、探さなくたって、夢はもうあなたの中にあるのです。そう想ったら、なんだかほっとしませんか。

この〝ほっとするきもち〟を感じることが、あなたの夢を心の奥深くから引き上げる鍵なのです。

たとえば、「今日こそ、すてきなワンピース買いたい！」って力んでいるときほど、探しているものに出逢えなかったりしますよね。でも、街をブラブラ歩いているときに「あっ♡」と探していたとおりのすてきなワンピースに出逢っちゃったりするわけです。

だから、夢だって同じ。何とかして見つけようと必死にならずに、「もう自分の中にあるから、だいじょうぶ」って、力をぬいてリラックスすることが大切なんです。そうしたら、**あとは今いる場所で最高に幸せになるだけ！**　それは、今の自分がいる環境を心から楽しめるように、いろいろと工夫してみるということです。

たとえ、任されているのがイヤな仕事でも、今あなたがそこにいるということは、それも〝**運**〟**の計らいのうち**。イヤだイヤだと嘆いているうちは、幸せを感じることはできませんが、自分がその場所にいるのにも、きっと何か意味がある！　と信じて、そこで自分ができる精一杯のことをして、周りにいるひとに喜んでもらう幸せな瞬間をつみ重ねていくと、いつの日か、あなたの心の中にずっと探していた夢がきらきらと輝きだします。

そう、夢は特別なひとだけに用意された特別なものではありません。誰もが同じように心の奥深くに持っているものなのです。だから、探さなくてもだいじょうぶ。「わたしの夢は、わたしの心の中にある！」と信じて、今いる場所で、最高の幸せを目指して一生懸命になればいいんです。

そうすれば、あなたが探している夢は、必ず見つかり、必ず叶うようになっています。

そう、**あなたが今いる場所にあなたが探している全てはある**のです。だから、キョロキョロしていないで、今この瞬間に、目の前にあることに集中すること。周りのひとたちと仲良くし、今を幸せにつみ重ねること。そんなふうに毎日暮らしていけば、必死になって探さなくても、あなたが今、探しているものは全部、気づいたら見つかっていることでしょう。

『太陽が輝くかぎり、希望もまた輝く』シラー

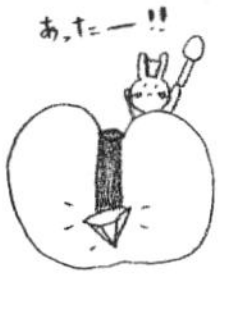

やりたいことがわからないなんて
したいことがわからないなんて

そんなのほんとは、大ウソなんだ

わたしの心のがらくたの中に
埋もれちゃっているだけで

ほんとうは、ある
絶対に、ある

わたしの心の奥深く、
深く、深く、深いところに

それは、なくならない
それは、消えたりしない

ただ、わたしが見つけ出すその日を
じっと、待っているんだ

その面倒くさいガラクタたちを
ひとつひとつ押し分けて

それでも、それを見つけたいと
情熱的に願うその日を

ずっと、待っているんだ

あっという間に心が元気をとり戻す最高の乙女ごはんは、ほんとのきもち。

心がしおれてしまうとき、なかなか元気になれないとき、なんだか疲れちゃったとき……ってありますよね。そんなときには、ちょっとだけひとりになって、自分の心の声に耳を傾けてみてください。そうすると、あなたの〝ほんとのきもち〟が姿を現すはず。

そう、その〝**ほんとのきもち**〟こそ、心が元気をとり戻す最高の乙女ごはんなのです！

わたしの友人である彼女は、学生時代からずば抜けて優秀で、誰もできないようなことを次々と企画し、次から次へと実現させてしまう素晴らしい力を持っていました。

そんな優秀な彼女は、大学を卒業した後、もちろん大企業に就職。でも、就職した企業が彼女の肌に合わず、毎朝会社に行く前に、お腹が痛くてたまらなくなってしまうと言うのです。半年間ほど、彼女はとても悩んでいました。上司の期待を裏切ってしまうような気がして、辞めることなんて、絶対にできないと。

「我慢している必要ないよ！」「もっと力を発揮できる場所が、絶対にあるはずだよ！」と言いながら、わたしだって、同じ状況になったら、絶対に辞められないなあと思いながら、どうしたらいいのか分からずに、彼女の家に励ましに通い続けました。

でも、彼女の身体はいっこうに良くならず、ある朝、ついに動けないほどお腹が痛くなってしまい、病院で検査を受けたら、子宮筋腫だったというのです。原因を尋ねると、ストレスと過労。毎晩深夜まで残業をし、終電帰りが続いていた彼女のことを想いました。

痛みをこらえ、無理を続け、自分の身体をボロボロにしてまで、誰かの期待に沿うことが、そんなに大切なことなのでしょうか。

ある部分では、そうかもしれません。でも、自分の健康よりも？　自分の命よりも？

そう問われれば、明かにそうじゃない、でも、そんな理由で辞められないのが現実です。

そう、誰にも理解できない〝ほんとのきもち〟は、正当な理由として認められないから。

誰かにいいひとって思われなくてもいいから
わがままで、自分勝手って思われてもいいから

自分のほんとのきもちを信じて、ちゃんと心を守り抜こう

だって、わたしたち、まだまだ成長途中

小さな肩に、重い荷物を背負ってしまったら、壊れてしまうよ
やわらかな心に、カタいものをぶつけられたら、壊れてしまうよ

一度壊れたものは、直るまでに、時間がかかるんだから

だから、持てないものは、持たなくていいんじゃない
かっこ悪くても、みっともなくても、素敵になんてなれなくても

もし、その必要があるならば、
またきっといつか、巡り逢えるのだから

それに、わたしが好きでいられるのは
誰にでもいい顔するわたしじゃなくて

どんなときも、自分のこと
信じていられるわたしだから

そして、わたしが今歩いているこの道は、
誰かに好きになってもらうための道じゃなくて

わたしがわたしのこと、もっと好きになるための道だから

「わたしには、サイズが合わない！」って割り切る強さも、ときには必要。

会社に行こうとすると「どうしても、心が苦しくてたまらなくなる」とか、「お腹が痛くなっちゃう」なら、その場所は、あなたの**心のサイズに合っていない**ということです。

それは、靴や洋服が自分の体に合わないことがあるのと同じこと。

あなたが悪いのではなく、会社が悪いのでも、上司や先輩が悪いのでもありません。

合わない靴をいつまでも我慢して履いていたら、靴擦《ず》れになるだけではなく、姿勢だって悪くなるし……いろいろな面に悪影響が出てきます。同じように、何かひとつの小さな痛みでも、我慢してこらえ続けてしまうと、すべてがうまくいかなくなってしまうんです。

そして、それはどんどん大きくなり、ケガをしたり、事故にあったり……と、とり返しのつかないことになってしまう可能性もあるんです。靴は替えがあるけど、自分の身体は一つだけ。比べものにならないくらい大切なものだということは、言うまでもありません。

『You must always have faith in yourself!』（映画『キューティーブロンド』より）

だから、ほんとのきもちを信じて、自分で自分を守り抜く！

心は、いつもあなたが幸せの道をちゃんと歩き続けられるように導いてくれています。「そのまま進んでオッケー♪」というときもあれば、「これ以上行ったら危険だよ！」という〝方向転換〟あるいは〝一時停止〟を知らせてくれるときもあります。そんなときは、なぜか分からないけれど重苦しい気持ちが続いたり、涙が溢れて止まらなかったり、お腹が痛くなったり、頭痛がしたり……と**身体に不調が表れることが多い**んです。

それを無視して進むということは、行き止まりの道しるべを無視して進むようなもの。自分では平気と思っていても、その先に落とし穴があったり……とても危険な状態に自分自身を陥《おとしい》れることになってしまうのです。

だから、そんなときは誰にもわかってもらえなくてもいいと開き直ること。弱虫でも、意気地なしと笑われてもいい。たとえひょっとこのお面をかぶってでも、〝ほんとのきもち〟を信じて自分の心を守らなくてはならないときがあるのです。

その選択が正しかったということは、その後に、あなたが幸せに生きていくことで証明することができるから、今は心配しなくても大丈夫。

そう、危険なときに、**あなたを守ることができるのは、世界でたったひとり、あなただけ**なのです。だから、あなたの偽りのない本当の気持ちを大切にしてください。

もちろん、それは特別な場面に限ったことではありません。ふつうの毎日の中でも、あなたの〝ほんとのきもち〟が、〝やさしい〟〝あたたかい〟〝おだやかな〟方向を向いているときは、そのまま進んでオッケーということ。でも、〝辛い〟〝苦しい〟〝不安〟の方向に向いているときは、ちょっとストップの合図。それに素直に従うことで自分の身を守ることができるのです。そう、わたしたちの〝ほんとのきもち〟は、理論では到底達し得ない、はるか先の未来まで計算し、わたしたちが今、進むべき幸せの道をちゃんと教えてくれるのです。

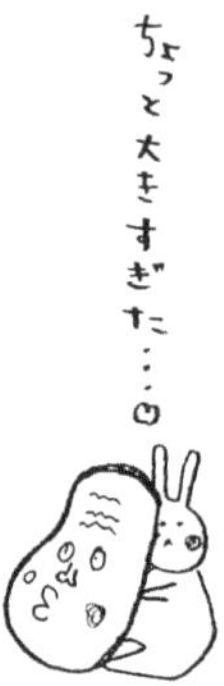

そう、誰にも分からないことだからこそ、とてもとても大切なこと。

わたしたちは、両親に育てられました。両親は、その両親に育てられ、祖父母は、そのまた両親に育てられ……そう数えていくと、気が遠くなるほどのはるか昔から、わたしたちの命は、受け継がれてきたものです。わたしたちの体の中には、同じ血が受け継《っ》がれているように、心の中にだって、たくさんのものが受け継がれているのです。

そう、**わたしたちの心は、宝箱のようなもの**なのです。そこには、あらゆる時代を経て受け継がれて来た膨大な量の知恵と知識が入っています。だから、自分の心が感じること、思うこと、気になること、求めること、そのひとつひとつには、深い、深い理由があるのです。決して表面だけでは計れない、簡単に無視してはいけない、尊い何かがあるのです。

だから、自分の心が感じることを、大切にしなくてはならないのです。それが、どんなに小さなことであっても。なぜなら、それは、わたしたちの心という膨大な知恵と知識の宝箱から生まれたかけがえのない宝ものなのだから。

それは、あなたの他に誰にも分からないものだからこそ、大切にしてあげなくてはいけないのです。自分だけは、いつも自分の〝ほんとのきもち〟を信じてあげなくてはいけないのです。

あたたかいも
やわらかいも
しあわせも
だいすきも

全部、わたしがいなくなったら
全部、なくなってしまうことだね

わたしの手をそっと握って

あなたがあたたかいねって
ほほえんでくれるその時間も

二度と、感じられなくなってしまうんだね

だから、自分のこと、守っていかなくちゃね
だから、自分のこと、大切にしなくちゃね

そして、ほんとのきもちを、信じてあげなくちゃね

だって、わたしが、すべてのはじまりだから
だって、わたしがいなくちゃ、この場所には
なんにもないのと同じなんだから

その後……。

その後、彼女は会社を辞め、自分の会社をはじめました。その会社はたった一年で、奇跡的な売り上げを達成し、彼女は以前のように、太陽のような笑顔でほほえんでくれるようになりました。そんな彼女が今でもわたしに言うのは、「あのとき、〝ほんとのきもち〟を信じて、勇気を出して辞めてよかった！」という言葉。

だからあなたも……というわけではありませんが、やっぱりいちばん大切なのは、自分の体と心です。だって、それは、わたしたちのものではないのだから。体も心も、両親や祖父母からの授かりものであり、わたしたちが、次の世代へ命をつないでいくための大切な預かりものなのです。だから、**何よりも大切なわたしたちの役割は、まず、自分の心をしっかりと守ること。そして、ちゃんと幸せに生きていくこと**なのです。

小さな頃は、両親が、わたしたちを守ってくれました。でも、今、わたしたちを守れるのは、わたしたちしかいません。その役割は、バトンのように、あなたのご両親から、あなたの手の中に引き継がれたのです。周りのひとの言葉を気にしながら、周りのひとから

いいひとって思われたくて……そんな気持ちで幸せの道を歩き続けることはできません。
そう、あなたの人生は、あなたのためにあるのだから。あなたが、だれよりも幸福になるためにあるのだから。だからあなたは、あなたが感じることを、正しいと思うことを、気持ちいいと思うことを道しるべに歩めばいいのです。

だって、あなたの心が幸せに満ち、元気いっぱいに暮らしていけたら、ただそれだけで、あなたを大切に想うひとたち……ご両親や恋人や友だちは、とても幸せなのですから。

そう、どんなに辛くても、どんなに苦しくても、そんな状況から自分を救うことができるのは、自分自身だけです。自分の他には誰も……家族も友人も、恋人も、あなたを救うことはできません。なぜなら、**誰もが、自分自身をしっかりと支え、幸せに導く力を持って生まれているもの**だからです。だから、誰かに救いを求める前に、自分自身をもっと頼ってください。もっと、自分自身を信頼してください。自分には、しっかりと自分を守り、支え、ちゃんと幸せを手に入れる力があると。そして、幸せでいつづける力があると。

『間違いを犯しても、深刻なものであっても、やり直す機会は必ずある。失敗とは転ぶことではなく、そのまま起きあがらないことなのです』

メアリー・ピックフォード

絶対に、絶対に、絶対に、自分自身を見放しちゃダメだよ
なぜなら、わたしを助けられるのは、わたししかいないから

絶対に、絶対に、絶対に、自分自身を諦めちゃダメだよ
なぜなら、わたしを幸せにできるのは、わたししかいないから

わたしを輝かせるのも、わたしを貶《おとしめ》るのも
わたしを伸ばせるのも、わたしを萎《しお》れさせるのも

わたしを上げるのも、わたしを下げるのも
わたしを生かすのも、わたしを殺すのも

世界でたったひとり、わたししか、いないのだから

『5年ぶりに、広い東京の銀座で、偶然学生時代に大好きだった女の子の友人に会えて、連絡が取れるようになったり。プレゼントで欲しかったバスグッズをもらったり。友だちから欲しかったお菓子をもらったり。カフェで仲良しの店員のお姉さんとお茶できたり。おばあちゃんがおこづかいを多めにくれたり。お母さんがプレゼントを買ってくれたり。綺麗になったねと褒められたり。すごく大好きな色のコートが安く手に入ったり。おいしいマカロンケーキをいただいたり。お父さんとおばあちゃんがお年玉を（この年で！）くれたり。通信販売で買った香水がすてきな香りだったり……この本を読んだら、ほんとうにいいことがたくさん起こるようになりました！

エステに行ったり、何かを探しまわったりしなくていいんですね！

この本に出逢って、わたしの人生が変わりました!!』

（編集部に届いた読者の方のお便りをご紹介させていただきました）

乙女ボイス。

4

ここから、よっつめの乙女れしぴだよ。

これであなたの未来が、バラ色に♡

辛い過去は、100歳のおばあちゃんになっても幸福でいるための準備。

わたしたちが手に入れたい幸福は、すぐに消えてしまう打ち上げ花火のように儚いものではありません。

そう、わたしたちが欲しいのは、ずっと続く確かな幸福なのです。幸と不幸が入り乱れるジェットコースターに乗ったような人生よりも、**100歳のおばあちゃんになるその日まで、1日1日をちゃんと幸福に積み重ねられること**のほうが、ずっと、ずっと大切です。

そして、日を重ねるごとにゆっくりと幸福感を増していく中で、魔法のようにたくさんの夢やすてきな恋を叶えていくことができたら、どんなにいいだろう……そんなあなたの願いはちゃんと叶えられるようになっているから、安心してください。

もし、あなたが今、大変な状況の中でがんばっているのなら、あるいは、辛く苦しい過去を両手いっぱいに抱えてどうしたらいいのかわからなくなっているのなら、なおさらに。

なぜなら、今までにあなたに起こった辛い出来事のすべては、一瞬だけの儚い幸福ではなく、これからずっと続く確かな幸福をしっかりとつかむことができるように、**〝運〟が、あなたのためにに用意してくれたスペシャルなプレゼント**だからです！

あるときは喜び、あるときは苦しみ、
その上で得た幸福であれば、
永久にわがものとすることができる。

（『菜根譚』徳間書店より）

あなたには、もうおおきな幸福をつかむための〝乙女筋〟が備わっている！

恋をはじめるのは簡単でも、それを持続させるのは難しいというように、一瞬の幸福をつかむのは以外と簡単だけど、それを持続させることはとても難しいものです。

そう、幸福で居続けるためには、一度つかんだ幸福を二度と離さない強い力が必要なのです。

その力は、あなたの心の中にある〝**乙女筋**〟から生まれます。乙女筋は、筋肉と同じように発達するものです。乙女筋が発達していればしているほど、おおきな幸福をつかみとることができ、その後も離さずに、ずっと幸福でいつづけることができるのです。

それもまた、運の仕業ナリ♡

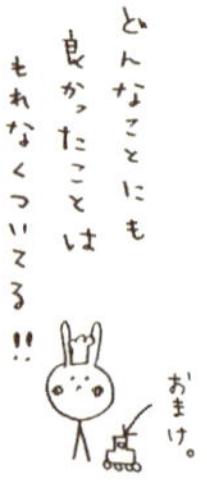

あなたの乙女筋を育てるのは、あなたの周りの環境です。何もない平穏な毎日では、乙女筋はふつうに育っていく程度ですが、辛い環境の中にいると、ぐんぐん発達していくのです！

だからもし、あなたが今、何らかの辛い環境にいるとするのなら、それは、運がわざとそうしたこと。なぜなら、その中でしっかり鍛えられた〝**乙女筋**〟こそが、これから幸福をつかみとり、一度つかんだ幸福を二度と離さないために必要なものだからです。

そう、運があなたに贈るのは、いつもあなたにとって〝一番いいこと〟。辛い環境や苦しい状況の中にも、ちゃんとわたしたちの大きな親である運の愛情が込められているのです。

虎は、〝生まれたばかりの赤ちゃんをわざと谷に落とす〟と言います。なぜなら、谷から這《は》い上がるときに身に付けた力こそが、その後も自分で自分の身を守り、ちゃんと生きていくためにとても大切なものだからです。それは、深い愛情があるからこそ、できることです。

同じように、運もわたしたちの持っている本当の力を見抜いて、落とす谷の深さを決めています。「この子には、他の子よりもすごい力が眠っている！」と感じれば、他の子どもたちよりちょっと深い谷を選ぶのです。

もし、今までをふり返ってみたときに、あなたが他のひとよりも辛い過去を経て来たと感じるなら、なんでこんなに大変な思いをしなくちゃいけないんだろうって、今感じているのなら、それは、あなたこそ、運に見込まれた素晴らしい力を持ったひとだということ！

だから、今ここから、強く強く信じることが大切です。**わたしこそ、運に見込まれたひとなのだと。そして、今までの辛い経験の中で心に備わったたくましい〝乙女筋〟で、これから誰よりも大きな幸福をしっかりつかみとることができるのだと！**


『漆黒の夜空が暗ければ暗いほど、星は明るく輝き、未来への道を照らす』　ロシアのことわざ

羊飼いのように後悔の群れを引き連れて
朝を迎えるのは、今日で終わりにしよう

何度も何度も、過去の恨みを数えながら
夜を越えるのも、今日で終わりにしよう

そう、ずっと

心の中に溜まったどす黒いものたちを
いつか、かっこいいスーパーマンが現れて
真っ白に戻してくれる日を待っていたけれど

そんな日は、いつまで待っても、来ないこと
ほんとうは、知っているんだ、知っていたんだ

それなのに、ちっとも知らないふりをして

淡い期待が打ち砕かれるその瞬間を
ただ、じっと眺めて、痛みに耐えて

ああ、最悪だって嘆くのは、もう今日で終わりにしよう

だって、ほんとうは、知っている

希望を絶望にすり替えて来たのは
ぜんぶ、わたしの弱さだってこと

そして、今から、スーパーマンになって、
自分のことを救い出せる強さも持っていることも

過去を強く肯定したときに〝乙女筋〟は目を覚ます!!

そう、今まで辛くて苦しい日々をくぐり抜けてきたのなら、もうそれだけで特大サイズのスペシャルな幸福♡をつかむ準備は万端！　あなたにはすべてを叶え、ずっと続く確かな幸福を自分のものにすることができるたくましい〝乙女筋〟が備わっているのです。

それなのに、いつまでも過去のことをクヨクヨ後悔していたり、嘆いてばかりいるとせっかく備わった〝乙女筋〟は、いつまで経っても目を覚ましてくれません。だから、そろそろ起こしてあげないと！　そのためには、あなたがまだ小学校のころ、朝になるとお母さんが階段の下から叫んで「時間よ～！」って起こしてくれたように、あなたの心の隅から隅まで響き渡るような大声で、力強くこう言い聞かせることが大切です。

『これからの大きな幸福のために、過去のすべてはあったのだ。
わたしの乙女筋をしっかり育ててくれて、ありがとう！』

そのとき、あなたの〝乙女筋〟は目を覚まし、あなたはずっと求めていた特大サイズのスペシャルな幸福♡をちゃんとつかめるようになるのです。そして、つかんだその幸福を、二度と離さずに、ずっと続く確かな幸福へとつなげていくことができるようになるのです。

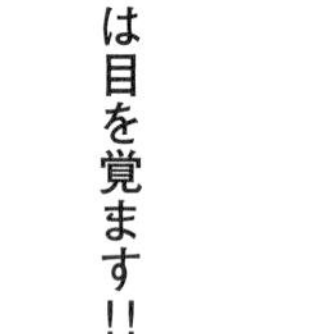

後悔は、成長の証。

『経験とは、誰もが自分のあやまちに対して与える名前である』 オスカー・ワイルド

そうは言っても、過去をふり返ってみたら、やたらと後悔ばかりが目につくものです。「なんであのとき、ああしなかったんだろう……」「今ならもっとうまくやれるのに……」って、悔しい気持ちでいっぱいになってしまうこともありますよね。

でも、それは裏を返せば、わたしたちが成長しているということの証なのです。たとえば、階段を一段上って後ろを振り返ったら、さっきまでいた場所が低く見えてしまいますよね。このように、わたしたちは、**1日一段、階段を上るように成長している**のです。

わたしたちが階段を上れるのは、うまくいった日や調子のいい日だけではありません。うまくいかない日や、調子のよくない日だって、変わらずに、階段を一段ずつ上り続けているのです。そう、どんなときも、**〝1日一段〟**。晴れの日も、雨の日も、たとえ嵐の日だって。

だから、今日立っている場所から、昨日いた場所を振り返れば、昨日は気づかなかったいろいろなことが見えてきて、「ああすれば良かった……」って、後悔しちゃうのです。

それが、ずいぶん前の過去ならなおさらのこと。もし1年前なら、今より365段も下

にいるのですから！　高く上れば上るほど、自然とたくさんの見えなかったものが見えて来てしまうもの。それが、後悔を呼び起こしてしまうこともあるけれど……でもそれは、ちょっと見方をかえれば、**自分がそれだけ成長したという**証でもあるのです。

そう、わたしたち、1日一段、階段を上るように成長中なんだから。

大切なことは、自分が今いる場所で、わたしたちは、常に精一杯の努力をしているものだということ。今、振り返ったら「もっとできたのに……」と感じるのは、今のあなたがその頃よりも何段も上にいるから。あなたがずっと成長しているからなのです。

あなたが今、立っているのは、今までのどの場所よりも高いところ。今いる場所から見たら、過去は全て〝低い位置〟にあります。高い場所から見たら、細かいあらまで見えてしまうのは当たり前ですよね。

そう、わたしたちがいろいろと嘆いてしまう過去は、本当は、その時々でベストなもの。

文句のつけようがないくらい完全なものなのです。今の自分から見たら、まだまだできることがあるように感じられたとしても、過去の自分にとっては、それがベストであり、それ以上どうがんばっても、どうすることもできなかったものなのです。

だから、過去に対していろいろ思い煩《わずら》うのは、その時の自分に対してとても失礼なことでもあるんです。それよりも、**〝今から見たら全然ダメだけど、その時のわたしのベストだったのだからもういいや！〟**って、すべて水に流してしまいましょう。

そう、賢い乙女は、持っています。変えられないものを受け入れる力と変えられるものを変える力を。そして、その2つを見分ける賢さを。

そして、知っているのです。過去に対する恨みつらみは、今の自分自身を傷つけ、自分の品格を貶《おとし》めるものでしかないのだって。

『人生は、できることに集中することであり、できないことを悔やむことではない』
スティーヴン・ホーキング

過去は、暗い部屋のようなもの。だから、照らすが勝ち♥

そうと分かってはいても、わたしたちは、よく過去と戦ってしまうものです。

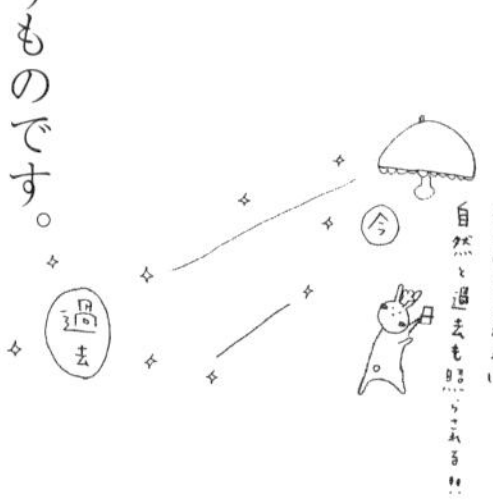

（〝戦う〟とは、恨みや怒りなどマイナスの感情を過去にぶつけるということです）

でも、どんなにがんばって戦ってみたって、過去に勝つことはできません。なぜなら、過去は変えられないものだから。どんな手を尽くしたってびくともしないのです。だから、そんなときには戦わなくても過去に勝てちゃうとっておきの方法を使ってみてください！

それは、今この瞬間から〝**照らしちゃう**〟こと。

たとえば、過去を暗い部屋のようなものだと考えてみましょう。どんなに暗い部屋の中だって、電気のスイッチを入れたら一瞬で明るくなりますよね。同じように、過去という暗い部屋の中にも、一瞬にして部屋全体を明るくすることができるスイッチがあるんです！　そこを押せば、どんな過去も、あっという間に照らされます。

これこそ、過去と戦わなくても必ず勝てる、たったひとつの方法です。だって、電気を消せばまた暗闇が現れるのと同じように、過去はそこにあるのだから。

そう、賢い乙女は、過去と戦わずに、ただ黙って、そっとスイッチを押すのです。

それは夜、仕事から帰って部屋に入ったときに、あなたが一番先にそうするように！

そのスイッチは、『あって、よかった♡ありがとう』で入る！

それでは、どうすればそのスイッチを押すことができるのでしょう?

そのためには、まず、毎日の中で、あなたが当たり前だと感じていることの中に隠れている〝**実は、なくてはならないもの**〟を見つけてみること。たとえば、毎日健康にすごせること。おじいちゃんが長生きしてくれていること。もちろん、お気に入りの手帳、大好きな本、大切な家の鍵……なんて考えてみると、数えきれないほどの〝実は、なくてはならないもの〟に囲まれていることに気づきます。

この〝実は、なくてはならないもの〟に『**あって、よかった♡ありがとう**』を感じるときに、スイッチがぱちんと入るのです。

そう、あなたが今感じる『あって、よかった♡ありがとう』こそ、過去を照らす明かりになるのです。たとえ小さな豆電球でもたくさん灯せば、どんどんその明かりは大きくなり、やがてあなたの過去の全てをつつみ込むようになります。そうすると、あんなにイヤだった過去が不思議と気にならなくなり、暗く沈んだ気持ちも少しずつ和らいでくるのです。

『過去を忘れ、心から怒りを消し去れ。どんな強い人間もそんな重荷に耐え続けることは出来ない』チェロキー族の格言

今、あなたの心の中にある小さな〝ありがとうのきもち〟がすべてを照らす！

つまり、過去を照らし出すために必要な「今」の輝きは、あなたが手に入れたものではなく、あなたが叶えた夢の数でもなく、**今、あなたの心の中にある小さな〝ありがとうのきもち〟の量で決まる**ということです！

だから、とにもかくにも今、自分の周りに隠れている〝実は、なくてはならないもの〟を全部拾い集め、『わたしはこんなに幸せなんだ♡』『今たくさんの幸せに囲まれてるんだ♡』って心を感謝の気持ちで満たしてしまいましょう。それは、あなたが夢を叶えたとき

と同じくらいに、あなたが欲しいものを手に入れたときと同じくらいに、あなたの今を輝かせ、どんなに暗い過去でも明るく照らし出してくれるのです。

たとえ、あなたが今何も持っていないと感じても、探せばきっと見つかるはず!

だって、生きていることはただそれだけでたくさんのひとに支えられ、たくさんのものに囲まれ、さらに、大きな〝運〟に守られているということだから。

さあ、今この瞬間にあなたのすぐそばに転がっている、なくてはならない大切なものをもう一度数え直して、今この瞬間を、最高に幸せに輝かせてみましょう! そうすれば、過去が照らされるのはもちろん、その輝きはあなたの未来までも照らし出し、やがて、あなたの輝かしい夢や希望は魔法のように叶えられていくのです。

だから、もう一度しっかりと肝に銘じて。過去の暗闇に必要な光は、たったひとつ……

今この瞬間の小さなありがとうのきもちだけなんだって。

どんなに小さなありがとうのきもちでも
それが暗闇に輝く灯台のようになって

きっと、わたしを導いてくれるから

だから、きっと、だいじょうぶ！

こんな大海原にひとりぼっちだからって
震えていたら、この船は沈んでしまうから
勇気を出して、こいでいくしかないじゃない

この手に持ったオールで勢いよく不安の波を蹴散らして
「きっと、だいじょうぶ！」「絶対、うまくいく！」って

そうやって、一秒一秒
心に小さな幸せを灯しながら
ありがとうのきもちを抱きしめながら

本当に大丈夫かなんて、わからないけど

真っ暗な過去は、今の光が照らし出してくれるよ
幸福な未来の輝きは、自分の中から生まれるものだよ

誰かが教えてくれた言葉を、何度も繰り返しながら

とにかく、今、前へ、前へ、こぎつづけよう

いつか幸せの岸辺にたどり着けるその日まで

あなたの目の前に、運命をきめる船の舵《かじ》はある！

〝人生は航海のようなものだ〟って言われても、わたしたちは勇敢な冒険家じゃないから、未来がどうなるか分からない不安定な状況を、〝オモシロイ〟なんて楽しめないのがホントのところ。できるだけ安全なほうがいいし、毎日穏やかに暮らしたいのが乙女心というものです。

でも、賢い乙女は、知っています。どんな状況の中だって、ちゃんと安定して、毎日を幸せに暮らし、さらに望んだとおりの幸福な未来に辿りつくことができる方法があることを。

それは、**自分が乗っている船の舵を、自分でしっかり握ること！**

幸いなことに、わたしたちが乗っているのは、大きな旅客船ではありません。それは、中くらいの、ボートのような船なのです。そして、その行き先を決める船の舵は、いつもあなたが手を伸ばせばすぐに届くところにあるのです！

『どこに行こうとしているのかわかっていなければ、どの道を通ってもどこにも行けない』

ヘンリー・アルフレッド・キッシンジャー

今すぐ〝リアルな想像〟×〝リアルな感情〟で船の舵をしっかり握る!!

船の舵をしっかり握るために必要なものは、たった2つだけ。それは、**〝リアルな想像〟**と**〝リアルな感情〟**です。この2つを使えば誰でも簡単に自分の船の舵を握り、願ったほうへと船を進めることができるようになるのです！

もし、あなたが将来、幸せな家庭を持ちたいと願っているなら、まずは〝リアルな想像〟からはじめてください。それは、自分の夢がもう叶っているかのように、その風景をリアルに思い浮かべてみるということです。たとえば、ヨーロッパ風のお家に住み、家族みんなで朝食を食べているところ。そのとき、食卓の上にはホットミルクとサンドウィッチがあって……のように**細かいところまで、できるだけ具体的に。**「しあわせー♪」とか「うれしい♡」という〝リアルな感情〟が心の中にわき上がってくるまで続けてください。

この〝リアルな感情〟がわき上がって来たら、船の舵を自分の手でしっかり握れたという合図。そして、まだ叶っていないのに、もう叶っちゃったような気がしてわくわくしてきたら、船の向きが変わり、目的地に向かって走りはじめたという合図です！

でも、一度向きを変えて、安心しているわけにはいきません、なぜなら、海の状態や潮の流れは、日によって変わるから。放っておいたらすぐに流され、船の向きが望んでいるものとは逆のほうへ向いてしまうこともあるのです。

だから、1日一度、必ず船の向きを確認する時間を持つこと。たとえ**1分でも、自分が辿り着きたい場所を思い浮かべ、〝リアルな想像〟と〝リアルな感情〟を感じるようにすること**で、船は、ちゃんとあなたの望む場所に向かってくれるようになります。

こんなふうに、毎日少しずつ、船の向きを調整していくことで、たとえ、軌道がぶれることがあっても修正され、必ず描いたとおりの場所に辿り着き、あなたの願いが現実になる日が来るのです！

『そうだ、人生はすばらしい。何より大切なのは勇気だ。想像力だ』
チャップリン

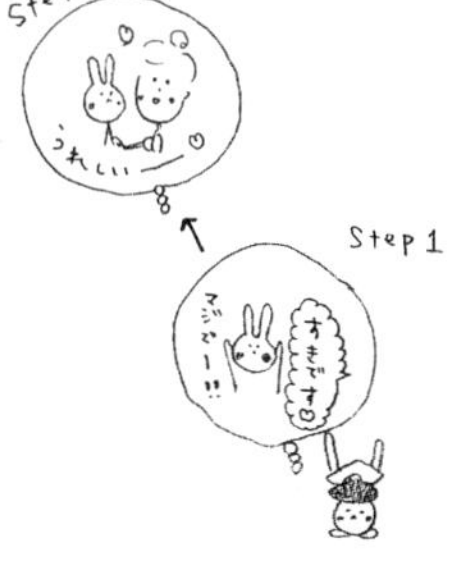

世界でいちばん♡すてきな物語の主人公は、あなた！

また、船の向きをきめるときには、こんなふうに考えてみることもおすすめです。

たとえば、**わたしたちは、それぞれの物語を生きているのかもしれない**のだと。

もちろん、あなたの物語の主人公は、あなたです！　そして、あなたの物語は、いつか天国の図書館に入り、わたしたちの子どもや次の世代の人たちに読み継がれていきます。彼らは、わたしたちの物語から学び、それを幸せの道しるべにして生きていくのです。

そう、わたしたちの人生は、自分のためだけにあるのではありません。誰かが経験した悲しみを他の誰かが繰り返さないように。わたしたちが試してうまくいった方法や、知恵や知識をより多くのひとと分かち合うためにあるのです。

そう考えれば、あなたに起こる出来事だって、あなた一人のためだけのものではありません。悲しみも、喜びも、苦しみも、幸せも、そのひとつひとつの経験が、すべてのひとのために役に立つものなのです。だから、自分に起こった悲しい出来事だって、ちっとも

無駄なんかじゃないのです。

それに、物語全体を通じてみれば、楽しいだけ、幸せなだけの物語より、悲しいことを経験したり、問題を解決したり、悩んだりする時間があったほうが、すてきな作品になりますよね。さらに、読み手の心をより深く、動かすことができるかもしれません！

ほら、名作と言われる映画や、世界の偉人たちの伝記には、必ずと言っていいほど何らかの問題を自分の力で克服したというシーンが描かれていますよね。

もちろん、これから先のあなたの本のページはまだ白紙です。今からあなたはペンを執り、その物語の続きを好きなように綴《つづ》り、どんな絵だって自由に描くことができるのです！

あなたは、未来の子どもたちに、どんな本をプレゼントしたいですか？

「辛いことがあっても、それを乗り越えて、幸せになったお話がいい！」「がんばれば、うまくいく、夢は叶うって伝えたい！」「運命の王子様と出逢い、とびきりすてきな恋がしたい！」……それなら、これからそのように綴ればいいのです。**そして、世界でいちばんすてきなあなたの物語は、もちろん、ハッピーエンドに決まってるのです！**


『第一に必要なのは大胆さ、第二に必要なのも大胆さ、第三に必要なのも大胆さだ』キケロ

倒れそうになるときも
心が折れそうになるときも

わたしの人生が、わたしだけのものじゃなく
わたし以外の誰かの役に立っていくって

そう想ったら、また、起き上がれる

でも、やっぱり、すぐに転んじゃうから

そのたびに何度も、何度も問いかけるよ

今日１日は、だれのためのもの？
今このときは、だれのためのもの？

それは、きっと、わたしだけじゃない
未来の子どもたちのためのものだから

そう信じて、心を励ますんだ

たった一度しかないこの貴重な時間を
絶望感なんかで塗りつぶすのは、もうやめよう

どんなに小さくたって、幸せを見つけて
どんな儚くたって、喜びを捕まえて
この1日をたいせつに、刻んでいこう

だって、この1日が、わたしの人生の絵本の
一ページにしっかりと綴られていくのだから

やっぱり、ハッピーエンドがいいじゃない？

それなら、心の片隅でそっと願っているだけじゃなく
まずは、堂々と自分自身に宣言しなくちゃ！

『わたしは、ハッピーエンドの物語を生きる♥』って

そうすれば、迫り来る波にも、立ち向かう力が湧いて来る

耐えきれるだけの知恵を見いだせる
超えられるだけの勇気があふれだす

だって、この世界のどこかにきっと、きっと
わたしの物語を待ち望んでいる誰かがいるのだから

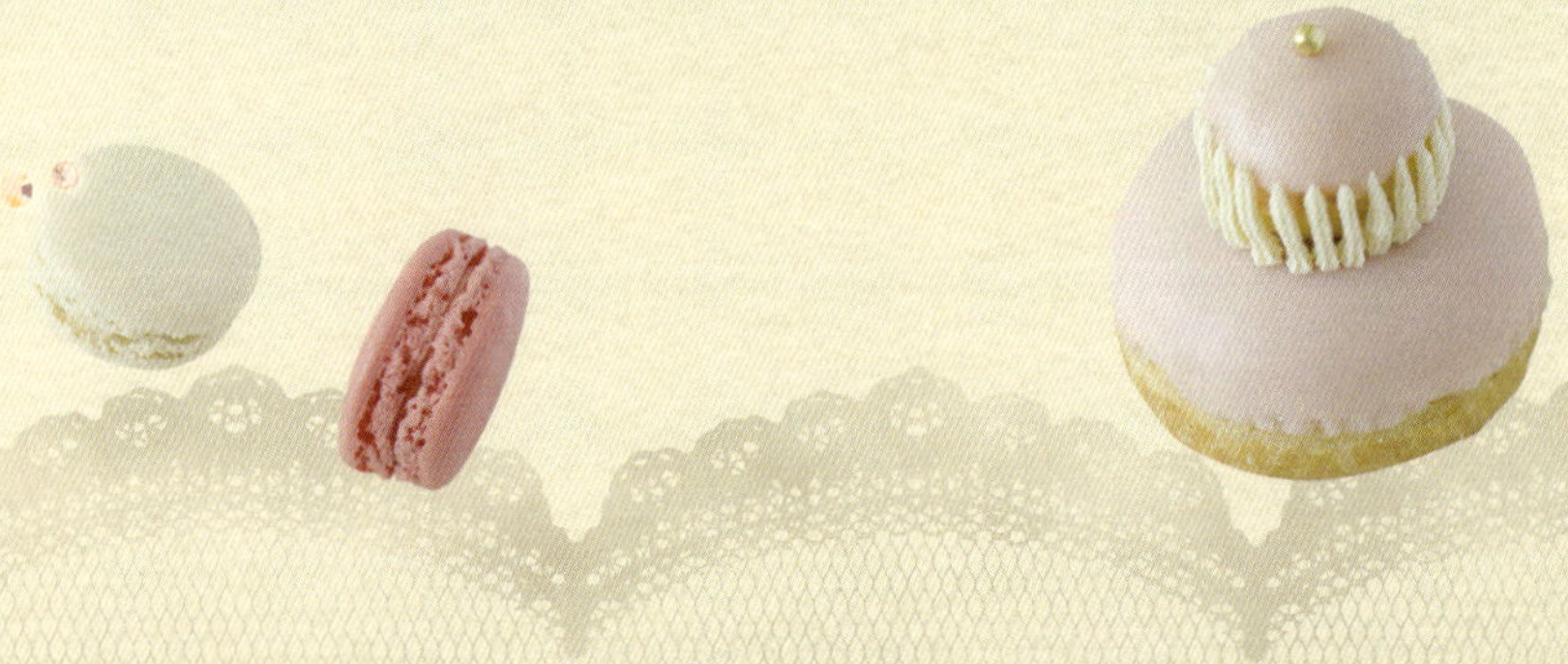

見たいと思う世界の変化に、あなた自身がなりなさい

マハトマ・ガンジー

『夜分遅くに申し訳ありません。何度か素晴らしい効果をご報告させていただいているものですが、何と今日最上級のプレゼントが届きました！

なんと、ずっと描いていた自分の物語が叶ったんです！

高収入高学歴の彼が出来、王子様みたいなことやサプライズ、そしてマンガの中みたいな優しさや気遣いを次々にしてくれるようになりました。

でも、結婚に関しては、なんとなくは考えてくれてそうでしたが、はっきりと言ってくれたことは一度もなく、不安でした。

それで今日、バレンタインデートだったんですが、昨日、何故か全部本にかいてあることをやりきった感がして、急に満たされたんです。デートの日にちにも、以前に〝魔法のシール〟を貼っていて……。そうしたら場所と言葉は違いましたが、海やデートプラン、車の中で流す曲まで、わたしが描いていた物語にぴったりのことが起こったんです！
完全なプロポーズではありませんでしたが、「結婚を考えている。今は仕事が忙しいが、数ヶ月後には必ず楽になれるから、そしたらプロポーズしたい」って！
ほんとうにありがとうございます！ これからも周りに感謝を忘れないようにして本に書いてあることをしっかり実践していきたいと思います』
（読者の方から届いたメッセージを一部編集し、掲載させていただきました）

乙女ボイス。

さあ、〝幸せの一秒カウント〟で、船を走らせつづけよう！

『乗りかけた船には、ためらわず乗ってしまえ』ツルゲーネフ

しっかりと船の向きを変えたら、あとは、目的地まで船を走らせ続けるだけ！

船を走らせつづけるためには、〝燃料〟が必要です。でも、忙しいし、特別なことをしている時間はなかなかない……そんなあなたも、だいじょうぶ！

なぜなら、**船を走らせる燃料になるものは、毎日の中に溢れている**からです。

① この一秒の幸福感が船を走らせる燃料にカワル！

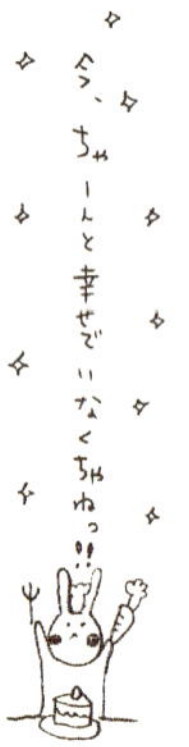

船を走らせ続けるということは、その場所に辿りつくための方法を考えたり、そこに向かってがむしゃらに努力することではありません。それよりも、目的地のことはあまり気にせずに、今この瞬間の幸せをつかみつづける、感じつづけるということが大切なのです。

そう、**〝この一秒の幸福感〟が、船を走らせつづける燃料にかわる**のです！

実は、この一秒の間に、あなたを〝幸せ♡〟にしてくれるプレゼントは届けられています。

そして、一秒ごとにそのプレゼントは新しいものにかわり、次から次へとあなたに届けられているのです。「え〜そんなことないよ〜」っていうのなら、それは、あなたが気づいていないだけ。それは青い空だったり、どこかから漂ってくるいい香りだったり、道端に咲く一輪の花だったり……届けられていても、忙しければ気づかないことも多いのです。

だから、ちょっと深呼吸して、届けられるプレゼントをちゃんと感じるようにすれば、一秒ごとに〝幸せ♡〟でいられるようになります。その一秒がつながって〝なかなか幸せな1日ができ、〝とても幸せな一週間〟になり、やがて〝最高に幸せな未来〟に辿り着くのです！　これが、目指す目的地に向かって船を走らせ続けていくということです。

春は桜、夏は海、秋は紅葉、冬はイルミネーション……など、どの季節にもそれぞれの楽しみがあるように、今には今だけのかけがえのない幸せが、夢を叶えたときには夢を叶えたときだけのかけがえのない幸せが、ちゃんと用意されているものです。どっちが素敵か、どちらが大きいかなんて、比べることはできません。

そう、夢を叶えたから幸せになれるというわけではないのです。かけがえのない幸せは、今この一秒の中にこそあります。だから、今あなたがいる場所に用意されているかけがえのない幸せをちゃんと受けとってください。

そう、**今この瞬間、手を伸ばせばすぐに届く位置に、新しい幸せは、あなたのことを迎えに来てくれているの**です！　この新しい幸せを無視して、「いつになったら辿り着けるのかな～」なんて考えてばかりいると、船はちっとも前に進みません。

そう、目的地に向けて船を前に走らせる燃料は、〝**この一秒の幸福感**〟！

今この瞬間にあなたが幸せを感じているかどうかということがとても大切なのです。

② 日々の中で起こるすべての出来事が船を走らせる燃料にカワル！

実は、毎日の中で起こる出来事も船を走らせる燃料に変えてしまうことができるんです！

そのためには、**『毎日の中で起こることは、いいことも、イヤなことも、全部わたしの夢を叶えるために必要なステップなんだ！』**と決めちゃうこと。

そして、毎日の暮らしの中で何かイヤなことが起こっても、「それは、わたしの夢を叶えるために必要だから起こったこと」なんだと思い込むことが大切です。

それが、どうして夢を叶えるために必要なのか分からなくても、毎日の中の小さな出来事と未来に描いた大きな夢は「全然関係ないじゃん！」って思っても、それは夢を叶えるために必要なことだから起こっているのだと信じることが大切です。

なぜなら、すべての出来事は〝運〟があなたに贈ってくれるものだから。あなたが船の行き先を決めたら、〝運〟は、あなたの夢を最短距離で、一番早く叶えるルートを割り出し、あなたが踏むべきステップを全て調え、それを毎日の中に起こる出来事という形に変えて、あなたに贈ってくれるのです。だから、ここはひとつ〝運〟に頼っちゃうのが賢い乙女のやり方。「いつになったら」「どうやったら？」などと頭を悩ませずに、心を煩わせずに、それを経験することで、確実に一歩夢に近づくことができていると信じるだけでいいのです。

こんなふうにひとつひとつの出来事を捉えていくことで、すべての出来事が船を走らせるための燃料に変わります。そして、いいことも、イヤなことも、すべての出来事があなたの夢を叶えるために役に立っていくようになるのです。

※とくにイヤな出来事が起こったときは、船を大きく前に進めるチャンス！
「この出来事がわたしを夢に近づけてくれたんだ！」と信じることで、いつもの何倍も早く船を進めることができるようになります。

❸ 悩み、苦しむ気持ちも船を走らせる燃料にカワル！

船を走らせる燃料にかえることができるのは、日々の出来事だけではありません。あなたの心の中に生まれる**すべての気持ちも、船を走らせるための燃料に変わる**のです！

そのためには、あなたが悩んだり苦しむ時間が〝無意味〟だって思わないこと。この時間が必ず役に立ち、わたしの夢を素敵に叶えてくれるんだって、強く強く信じることです。

それが、本当にそうだったということは、あなたが夢を実際に叶えたときにわかるから。とにかく今は、苦しみも悲しみも痛みも、そのすべてがあなたを夢へと近付けてくれる、大切な役割を持っていることを知っておくだけでいいのです。

たとえば、何かにぶつかって悩むとき、その辛く苦しい気持ちだって、あなたの夢を叶えるために必要なステップの一つ。

たとえば、何かにつまづいて転ぶとき、その痛みだって、あなたの夢を叶えるために必要なステップの一つなのです。

だから、いつまでも落ち込んでいないで**『この気持ちが、夢を叶えるために必要なステップのひとつ！』**と強く思い込むことが大切です。そうすれば、あなたの心の中に生まれるすべての感情が船を走らせるための燃料に変わるようになるのです。

こんなふうに、あなたが描いた夢に向かってした努力は、ひとつのこらず……たとえ、心の中で思っていることであっても、ちゃんとカウントされ、船を前に進めます。

なぜなら、誰も見ていなくても、**〝運〟は、いつも、どこでもあなたのことを見守ってくれているから。**だから、ちゃんとがんばった分だけの成果は、返って来ます。そして、運の存在を信じて毎日コツコツ続ければ、必ず夢が叶う最高のタイミングが訪れるのです！

『一生懸命努力すればするほど、運は味方する』ゲーリー・プレーヤー

さらに、運という追い風を味方につけて、スピードアップ!!

それでは、もっともっと早く進みたい、早く目的地に着きたいときは、どうすればいいのでしょうか。そのためには、運という追い風を味方につけることです。目的地の方向に向かって強い追い風が吹けば、船はグーンと一気に進みますよね！

運という追い風を味方につけるコツは、たったひとつ。

それは、**夢が叶うそのときまで、焦らずに、安心して、気楽に待つこと**です。

〝待てば海路の日和あり〟ということわざもあるように、じっと待っていればいい知らせが届くもの。そう、待っている時間こそ、あなたに届けられる夢のサイズが大きくなっている時間なのです。だから、焦ったり、急《せ》かしてたりしては、もったいないのです。

待ち時間に夢を大きく育てるためには、「まだかな〜」とそのことばかり考えて待つのではなく、夢の存在を忘れてしまうくらい、この瞬間を楽しんで、今、最高に幸せな気持ちでいること。「**毎日を、幸せに、楽しく♡**」すべては順調に行っているのだと起こる出来事に一喜一憂しないことが大切です。こんなふうに、気楽に待てるのは、〝運〟を信頼しているからできること。そんなあなたの信頼を受けて、〝運〟は、追い風となってあなたの船をぐんぐん進め、夢が叶うその瞬間を、一番いいタイミングで用意してくれるのです。

そう、〝**運を信じて、気楽に待つ！**〟こそ、賢い乙女のやり方なのです！

夢が叶うベストなタイミングは、運だけが知っている。

もちろん、ひとつの夢を叶えるだけがわたしたちの目標ではありません。

夢を叶えた後にも、その幸せがずっとずっと続いていくこと。そして、もっともっと、大きな幸福へとつながっていくことこそ、いちばん大切なことではないでしょうか。

だからこそ、その夢が叶うタイミングは、運に任せたほうがいいのです。わたしたちが「今すぐ叶えたい！」と感じていても、〝もうちょっと待ったほうが、いろんなことがうまくいく〟タイミングがあるのです。運は、そういうことをすべて計算して、わたしたちが夢を叶えた後にも、その幸せがすぐに終わってしまうことのないようにしてくれているのです。

だから、焦らずに、運が用意してくれるベストなタイミングを待ったほうがいいのです。ジタバタせずに、いろいろなことを考えすぎずに、**今目の前にあることを楽しんで**♡いつ叶うかと心配したりせずに、**気楽な気持ちで毎日を幸せに暮らすこと**♡そうすれば、必ずそのタイミングは来ます。そしてそのときにこそ、あなたの夢は大きく花ひらき、その後も幸せが続き、ますますすてきな夢が叶っていくようになるのです！

『その日、その日が一年中の最善の日である』
ラルフ・ワルド・エマーソン

そう、きっと、わたしは、まだ知らない

わたしが昨日、流した涙が
1年後に、おおきな夢の花を
美しく咲かせることを

わたしが今日、感じた不安が
2年後に、誰かをそっとつつむ
あたたかい毛布になることを

わたしが明日、こらえる悲しみが
3年後に、わたしがほほえんで立つ
チャンピオンステージの土台になることを

きっと、わたしは、まだ知らない

乙女ボイス。

『大好きな彼はいたんですが、音信不通になるなど、もはや付き合ってるのかどうか分からない微妙な関係。すこし遠距離なんですが、最後に会ってからもう半年も会っておらず、メールも３ヶ月なし。ほとんど諦め、毎日毎日泣く日々を送っていました。

そんな中、このシリーズの本に出逢い、購入してすぐ家に帰り、一気に読みました。その間ずっと、心地よい安心と幸せに包まれて……涙が溢れてきました。でもその涙は今までのような悲しみや辛さの涙ではなく、どれほど今自分が幸せで、どれほどいろんな人に支えられているのか。。。幸せの涙でした。翌朝もう一度本を読み、仕事場に向かいました。その日は朝からずっと、優しい気持ちに包まれて笑顔でした。

すると、なんと大好きな彼から突然メールが！　話は進み、なんと急遽会えることに。もちろん仕事は欠勤しました（笑）。本当に幸せな一日で、また会う約束もできました。

今、本当に幸せでいっぱいです！』


（読者の方から届いたメッセージを一部編集し、掲載させていただきました）

5

そして、いつつめの乙女れしぴ。

これであなたの運命が、バラ色に♡

あなたは、特大サイズの幸福をつかむために100%カンペキである。

人間は平等ではないというけれど、ほんとうにほんとうにほんとうに、そうでしょうか。
もちろん、外見とか、容姿とか、持っているものとか……形のあるもので計ったり、比べたりしていたら、平等ではありません。だって、持っているお金も、住んでいるお家も、スタイルも、顔の形も……頭のてっぺんから足の先まで、それぞれに異なっているものだから。
でも、もし、すべてのものを取り払って、**〝幸福をつかむ力〟**という一点において、わたしたちの持って生まれた力を比べてみたら、みんな平等なのです。そう、わたしたちは、自分が手を伸ばしただけの幸福をちゃんとつかみとれるもの。そこに鼻の高さや目の大きさ、スタイルの善し悪し……など、あなたが今気にしているものは、全く関係ありません。

なぜなら、あなたに幸福を運んで来てくれるのは〝運〟という風だから。

たとえば、東京タワーの上にのぼって下を見下ろせば、どんなひとだって米粒ほどの大

きさしかありませんよね。太っているひとも、痩せているひとも、ワンピースを着ているひとも、ジーンズにスニーカーのひとも、ただの〝点〟になってしまいます。

同じように、運という大きな存在から見たら、わたしたちなんて、まさに〝点〟のような存在。まして、持ちものや外見など、わたしたちが幸せになれない原因だと決め込んで、あーだこーだ言っているものなんて、〝点〟未満の大きさ。それは〝運〟にとっては、どっちでもいいものなんです。そんな小さなものがわたしたちの手にする幸福の量を決めてしまうなんてことは、絶対にありません。だから、そんなこと気にしないことが大切です！

なぜなら、**あなたが気にしちゃうその気持ちこそが、大きなビルのように立ちはだかって、あなたに向かって吹く運の風をさえぎってしまっている最大の原因**なのだから。

だから、どんなに誰かよりも自分が劣っているように感じられたって、「**そんなこと、気にしない！**」って決めること。それだけで運の風はあなたに向かってたくさん吹いてくるようになるんです。そうすれば、これからいくらでもあなたは幸福をつかむことができるのです。自分で手を伸ばした分、それ以上の幸福をつかみとることだってできるのです！

『結局、勝利者とは、自分にはできるんだと考えている人達のことである』リチャード・バック

そして、運の風は、すべてのひとのもとに平等に吹いているのだから。

運の風は、たくさんの幸福を乗せて、すべてのひとのもとに平等に吹いています。

だからこそ、幸せに手を伸ばすのはもちろん、**自分から〝いいもの〟をいっぱい出すこと**も、同じように大切なのです。そうすれば、あなたが出した〝いいもの〟は、運の風に乗って、広がります。あなたの周りを越えて、世界中に！　そして、あなたが出した〝いいもの〟は何倍にもなって、夢を叶えるチャンスや欲しかったものに姿をかえ、あなたの元に戻って来てくれるのです。そう、追いかけたり、探し回ったりしなくても〝いいもの〟を出すだけで、あなたが求めている幸福は、ちゃんと手に入れることができるのです。

だから、できるだけ、毎日の暮らしの中で、自分から〝いいもの〟を出すこと。

〝いいもの〟とは、特別なものではありません。それは、**やさしい言葉やほほえみ、あたたかいメールなど、誰かを幸せな気持ちにするもののこと**です。つまり、あなたが毎日の中で当たり前のようにしていること、そのひとつひとつに小さなやさしさを込めて贈りだせば、どんな小さなものでも、それは〝いいもの〟になるということです！

運の風は、あなたが出したどんな小さなやさしさもちゃんと捕まえて、この世界中を巡り、いいものをいっぱい引き連れて、あなたのもとに帰ってきます。たとえ、いつも通りの退屈な毎日の中だって、ちょっとだけ笑顔でほほえんでみたら、そこが、おおきな幸せのはじまりになるのです！

そう、すべての幸せは、今この瞬間にあなたが贈りだす小さなやさしさからはじまります。そして、自分から〝いいもの〟を出した分だけ、あなたは幸せになることができるのです！


それなのに、持って生まれたもののせいにしていつでも嘆いているということは、幸せをつかむチャンスを自分から追い払っているようなもの。だから、いつも思い出して。

あなたの中にある１００％の幸せを叶える強い力と、〝運〟というすべてのひとのもとに平等に吹く風の存在を。この２つをいつもちゃんと自分に言い聞かせておけば、絶対に、あなたは願った以上の特大サイズのスペシャルな幸福♡を手に入れることができるのです。


『幸福だから笑うわけではない。むしろ、笑うから幸福なのだと言いたい』アラン

時代は、何度も繰り返されるよ

太陽は何度も昇るし
何度も、日は暮れる

でも、わたしの今は、一度きり

わたしのこの１日は
わたしのこの１時間は
わたしのこの１秒は

限りある人生の中で、たった一度きり

過ぎてしまったら、もう戻っては来ないから
だから、今この瞬間の幸せを手放して
見送ってしまってはいけないと

そんなふうに思うんだ

過去を恨むのも自由だけど
誰かを憎むのも自由だけど
どうせなら、あたたかい一瞬を重ねていこう
どうせなら、やさしい一時を重ねていこう

そう、こんな小さなわたしにだって
隣りによりそってくれる誰かがいるのだから

自分から、その舞台を降りてはいけないよね
自分から、白い旗を揚げてはいけないよね

絶対に、幸せにここに立ち続けることを諦めてはいけないよね

だって、生きていくということは、
ただ、それだけで、体温がある

とてもあたたかいことだから
とてもやさしいことだから

そう、今日も、心臓が動いている。
また空気を吸う、そして、吐く。

そんなことの繰り返し。面倒くさい、当たり前の
どうでもいい、投げ出したくなる、逃げたくなる……。

でも、そうしないことを選ぶ自分を
勇敢に立ち向う、こんな弱い自分を

少しずつ、少しずつ

好きになっていけるのが
幸せにしていけるのが
わたしの人生であったらいいな

そして、諦めないで
信じ続けていたいな

この錆びついたおおきな夢の扉も

何年も前に投げ捨てようとして
それでもやっぱり捨てきれなかった
心のどこかで輝いているすてきな恋の扉も

きっと、開くって

今、わたしの手に握りしめたちいさな幸せのカギで

だから、賢い乙女は、比べない。それは、自分自身のために。

最短距離で幸せになるためには、**誰かと自分を比べないこと**が大切です。

なぜなら、比べれば比べるほど、あなたの中に授けられた〝幸せをつかむための力〟はどんどん弱くなっていってしまうから。そう、どんなに運という風があなたに幸福を運んできてくれたって、誰かと比べているうちは、その力をちっとも発揮できないので、手をのばせばすぐに届く幸せさえもつかむことができないのです。

だから、これからお話することをいつも心に留めておいてください。

実は、わたしたちがついつい誰かと比べてしまう**自分の中のイヤな部分こそ、わたしたちが幸せになるために、なくてはならない役割を担っている大切な部分**なんです。

たとえば、喉が渇いているとき、コップがなかったらお水をもらうことはできませんよね。同じように、幸せになりたいのなら、幸せを受けとることが必要です。そのためには、コップのように凹んでいる部分がなくてはならないのです。

つまり、自分のイヤな部分や気になるところは、幸せを受けとるためのコップのような

ものだということ。そこを直したり、正したり、しようとするということは、幸せを拒否しているのと同じことなんです。そう、幸せになるためには、凹みこそが大切。凹みを埋めて、完璧になることで幸せになれるというのは、全くのカンチガイなのです。

その凹みが、とびきりすてきな出逢いを招く♡

世界はとてもバランスよくできているものです。凹みがあれば、そこを満たす力を持ったひとと、ちゃんと出逢えるようになっているのです。そして、誰かの凹みを満たすとき、満たされるほうだけではなく、満たすほうもまたかけがえのない幸福感を感じるものです。そこで恋が生まれたり、友情が生まれたり、それがやがて愛に育っていったりするのです。だから、凹みを埋めてしまおうとすることは、すてきな出逢いや恋を自分から遠ざけてしまっているのと同じことでもあるんです。そんなの、とってももったいないことですよね。

そう、凹みがあるからこそ、人は惹きあい、出逢い、恋をしたり、愛し合ったりできるのです。特に、あなたを深く愛するひと、特に彼氏や結婚相手になるひとは、あなたのすてきなところ、きらきら輝くところだけを好きになってくれるひとではなく、あなたの凹みを好きになってくれるひと。なぜなら、その凹みを満たし、弱いところを守ることができるということは、とても大きな存在価値とかけがえのない幸福感を相手に贈るからです。

だから、**すてきな恋を叶えたいのなら、そんなときほど、そのままのあなたでいいのです。そのままのあなたがいいのです。**

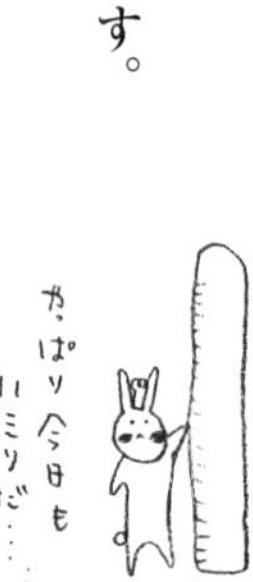

そう、欠点こそ、裏を返せば長所。そして、それは誰かから好かれたり、愛されたりするためになくてはならない部分なのです。だから、幸せになるためには、自分の悪いところをなくせばいいなんていうのは勘違い。欠点を正したり、直したりすることでは、どうやってもあなたが欲しい幸せを手に入れることはできないのです。

だから、もう誰かと自分を比べたりしないこと。その凹みにこそ、あなたが求めている幸福は満ちていくのだから。そして、気になる凹みは、これからあなたを待っているいくつもの素晴らしい出逢いのために、是非ともとっておかなくちゃいけない大切な大切な場所なのだから。

『人間はみな月だ。誰にも見せたことのない暗い面を持っている』マーク・トウェーン

そう、いつだって、わたしは

あなたよりも、大きくない
あなたよりも、すごくない

あなたよりも、すてきじゃないし
あなたよりも、しっかりしていない

だから、絶対に、あなたが必要なんだから

これからも、手をつないで歩いてね
ずっと、ずっと、一緒にいてね

そうすれば、もっと
信じられる気がするよ

わたしのなかにある
たくさんあるダメなところと

きっと、つながっている
たくさんのいいところの存在を

そして、もっと、もっと、もっと
かけられる気がするよ

たとえば今、この一秒に、わたしの中に
新しく生まれる素晴らしい可能性にだって

さあ、今、この瞬間に体の中で起こる奇跡に耳を澄ませて。

今この瞬間に、わたしたちの体の中には、5000万もの新しい細胞が生まれています。それは、5000万人もの赤ちゃんが自分の体の中で生まれているのと同じようなこと。その赤ちゃん細胞たちは、あなたについて、まだ何も知りません。これからあなたがどんなひとかを学び、あなたを支える一つの細胞としての役割を果たせるようになるのです。そう、赤ちゃん細胞にとって、あなたは先生のような存在です。そして、あなたが自分自身に対して〝わたしってこんなひと〟と思っていることは、赤ちゃん細胞にとって、教科書のようなものなのです。もし、あなたが「わたしってダメだなあ」「夢なんて叶えられないよ」「失敗ばかりしちゃうなあ」「本番に弱い」「モテない」「運が悪い」なんて思い込んでいたら、赤ちゃん細胞も、あなたのことをそういうひとだと思い込んでしまいます！

だから、そうなってしまう前に〝なりたい自分〟を赤ちゃん細胞にしっかり伝えることが大切です。しっかりと伝えるコツは、まだそうなっていなくても、「**わたしは、すてきである！**」と今、そうであるかのように言い切ってしまうこと。「すてきになれたらいいな」「いつかなれますように」ではなく、**もう既《すで》にすてきな自分になってるふりをしてみる**のです。

何度も何度も口に出したり、紙に書いたりして、繰り返すことで、赤ちゃん細胞たちはちゃんとそのとおりに覚えてくれます。そして、〝きらきら輝いているあなた〟〝最高にすてきなあなた〟〝夢を叶えられるあなた〟になるために、一生懸命、働いてくれるのです。

『あなた自身を最大限に利用しなさい。あなたにとって、あるのはそれだけなのですから』エマーソン

誰かと比べて落ち込んだときに、生まれ変わるチャンス到来！

また、一気に生まれ変わるチャンスは、誰かと比べて落ち込んだときにこそ訪れます！

なぜなら、**ひとは、自分の中に全くないものには羨ましさを感じない**ものだから。

そう、比べるのは、あなたの中にも同じ魅力があるからなんです。〝同じ性質を持つもの同士は、引き合う〟という言葉があるように、「いいなあ……」と羨ましく感じるのは、羨

ましく感じている対象と同じ性質を持ったすてきな赤ちゃん細胞が、あなたの心のどこかに眠っているから。それはまだ大きくなっていないので、誰にも分からないだけなのです。

だから、**比べて落ち込んだときこそ、すてきな赤ちゃん細胞を育てるチャンス！**

その育て方にはコツがあります。それは、羨ましく感じたひとに、自分がもうなったような気持ちで1日をすごしてみること。バスに乗るとき、買い物をするとき、誰かとお話しをするとき……そのすてきなひとだったらどんなふうにするだろうって、いろいろ想像して、そのとおりにしてみるのです。たった一瞬だって、赤ちゃん細胞はちゃんと育ちます。

あとは、普段持っている持ち物や洋服を「あのひとだったら、どんなものを選ぶかな」と想像して、同じようなものを身につけてみるのも、とても効果的な方法です。

こんなふうに、〝**憧れのひとに、もうなったきもちで**〟毎日を過ごしてみると、あなたの心の中の赤ちゃん細胞はぐんぐん育ち、やがて誰もが分かるくらいのすてきな魅力になるのです。

美しさ、やさしさ、気配りの良さ……羨ましくなってしまうものはたくさんありますが、誰かを羨ましく思うきもちは、もっとすてきな自分を育てる力へと変えていけるのです！

だから、誰かと比べてしまったら、そっと目を閉じてこう言い聞かせてみましょう。

『わたしの中にも、きっと、あのひとと同じ魅力があるんだ♡』って。

生まれ変わるチャンスを待っているなら、それは今この瞬間！

生命のリズムは、いつでもわたしたちが生まれ変わるための準備を調えてくれています。だから、わたしたちは信じる気持ち一つで生まれ変わりたいときに、生まれ変わることができるのです。それなのに、昨日の失敗や、過去の後悔をいつまでも引きずって、自分を〝わたしなんてダメ。〟って勝手に決めつけてしまうのは、本当にもったいないことなんです。だって、お肌は28日で生まれ変わるけれど、**心はたった1秒で生まれ変わる**のだから！

そう、いつもあなたの目の前に、最大のチャンスは訪れているのです。だから、しっかりそのチャンスをつかむこと。それは、赤ちゃん細胞に伝える〝**すてきな言葉と行動**〟で。そして、それを繰り返すことで。そうすれば、必ず大きな輝かしい変化となって現れます！

『あなたたちは、もっと身近なことからはじめたらどうかしら』マザー・テレサ

生まれた時から、もうずっと
問題の山に埋もれていたから

わたしひとりだけ
みんなとは違ってるって

そう思い込んでた

でも、大きくなって、周りを見渡せば

ドコモカシコモ
ダレモカレモ

悲しみの山に埋もれていたんだ

そのとき、ちょっと安心したよ
けして、あなたの問題を
喜ぶわけではないけれど

同じなら、がんばれる
同じなら、ふんばれる

そして、勇気がわいてくる

「重いね」ってこの感じを
あなたと確かめ合えるなら

なんだか、まだまだ
歩けそうな気がしてくるんだ

だいじょうぶ♡だって、プラス極とマイナス極はつながっているのだから。

もし、この世界に病気がなければ、健康のありがたみなんて全く感じなくなってしまいます。もし、この世界に戦争がなく、いつも平和であったなら、平和のありがたみだって感じることはありません。このように捉えてみると、悲しみは、喜びや幸せの輪郭《りんかく》をよりはっきりとわたしたちに伝えるために存在しているような気すらしてきます。

そう、太陽が当たれば、陰ができるように、相反する性質のもの同士が支え合っているからこそ、この世界のバランスはうまく保たれているのです。それは、乾電池にプラス極とマイナス極がなければ使いものにならないのと同じように。

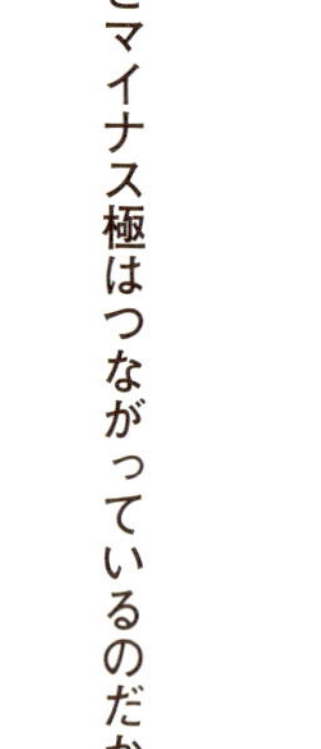

悲しみがあるから、幸せがあり、苦しみがあるから、喜びがある……相反する要素は、お互いに支え合い、その存在を支え合っているものなのです。だから、この世界に意味のないものは、ありません。たとえ、どんなにイヤだと感じることだって、なくなったほうがいいと思うマイナスの部分だって、この世界のどこかで、わたしの分からないところで、きっと、大きなプラスを支えるための大切な役割を担っているのです。

喜びには悩みが、悩みには喜びがなくてはならない。

ゲーテ

「悲しみは、この世界にあふれているから……」
と、いつか悲しそうに誰かが言った

わたしはそれを信じたくなくて
ずっと目をそらし続けたけど、
ある日、ふと想ったんだ

もし、この世界から悲しみがなくなったら
幸せも、一緒に姿を消してしまうんじゃないかって

そう、ほんとうは、悲しみこそが、
喜びや幸せの在り処を照らす太陽なんだ

きっと、永遠なんてない、その悲しみこそが
すべてを幸せに輝かせてるのだから

だから、悲しみは、あっていい

ううん、絶対に、なくならないでいてほしい

いつまでも、わたしの心の中で
ずっと、輝き続けていてほしい

そして、ときに教えてください

わたしが見逃している
ちいさな幸せのこと

たとえば、当たり前の空の中に輝く、
ちいさなちいさなたくさんの星のこと

たとえば、当たり前の足元に咲く、
ちいさなちいさなたくさんの花のこと

たとえば、わたしの心の中にふと溢れ出す
数えきれないほどたくさんの想いのことを

『このシリーズにであった頃、わたしずっと親友だと思っていた友達に裏切られ、恋もうまくいかず、どん底の状態でした。
でも、とにかくやってみようと思って、ノートを開き、1ページにびっしり夢を書いてみたんです。その内容の一部に「好きな人と初詣に行く」「友達カップルと4人で旅行に行く」というのを書きました。そして、大晦日になり半分くらいムリだろうと思っていら、なんと好きな人の友達から連絡が入り、好きな人と新年を迎えることができたんです!!! その3日後、友達カップルを含め、5人で新年会をしていたとき、好きな人の趣味であるスノボに5人で一泊旅行に行こうと、好きな人が提案してくれました! 新年早々幸せな出来事が、こんなにありました! 今年のおみくじも大吉でした。友達のことも少しずつ許せる気持ちになり、穏やかな気持ちになりました。女の子はみんなプリンセスになれるんですね。早くハッピーな女の子になりたいです。
そして、わたしがハッピーになったらそのハッピーを世界中の女の子にわけてあげたいです!』

(編集部に届いた読者の方からのお便りの一部を掲載させていただきました)

乙女ボイス。

わたしたちの心の中にある想いは、ひとつひとつが宝もの。

心は宝箱のようなものです。その中には、夢、希望、願い……など、たくさんのひとから受け継がれた宝ものが入っています。それは、わたしたちの両親から受け継がれただけのものではありません。なぜなら、わたしたちを育ててくれた両親もまた、その親に育てられてきたから。そう考えていくと、数えきれないほどのひとからの想いがわたしたちの心の宝箱の中には受け継がれています。そう、心は自分のもののようであって自分のものではない、とても不思議な場所なのです。だから、ときに自分の心の中なのに、自分でも分からないような気持ちが溢れ出してくることがありますが、それは、**わたしたちがたくさんのひとに育てられてきたという証。わたしたちがひとりぼっちじゃない証**なのです。

たとえ、わたしたちの心の宝箱の中に入っているものが、幸せや喜びのようなきらきらしたものばかりではなくても、冴えない色やくすんだ色をした憎しみや悲しみ、怒りのようなものがたくさん入っていたとしても、そのひとつひとつがとても大切な宝ものです。

そのひとつひとつにわたしたちの幸福を支えるための、とても大切な役割があるのです。

たとえば、悲しみの役割とは……。

新《にい》美《み》南吉《なんきち》の『でんでんむしのかなしみ』というお話があります。一匹のでんでんむしは、自分の背中の殻にかなしみがいっぱい詰まっていることに気づきます。そして、たいそう嘆き、友達を尋ねると、友達はこう言います。「それはあなただけではない。わたしの殻も同じだ」と。他のどの友達も、そう答えました。そこで、でんでんむしは自分は、自分のかなしみをこらえていかなくてはならないと気づき、もう嘆くのをやめたというお話です。

このお話が教えてくれるように、**悲しみは、ひととひととの心を通い合わせ、あたたかく結び合わせる素晴らしい役割を持っている**のです!

たとえば、あなたに悲しいことがあったとき、ずっと誰かが側にいてくれたから、元気になれた。そしてその後、そのひととの仲がより深まったという経験はありませんか。

そう、悲しみこそ、ひとの心の扉を開き、その中にあふれているたくさんのやさしさやあたたかさ、愛や幸福で、心と心を結び合わせてくれる〝**魔法のリボン**〟だったのです!

『悲しみは最良の友であり、人に法外な歓びを与える』ロマン・ロラン

それでも、悲しくてたまらないときがある

心の奥深く、どうしても触れない場所に
手に負えないような悲しみのカタマリが

その真ん中にドーンと居座って
どいてくれないときがある

なにが良くない、どうしてそうなる
どんなに考えても、わからなくて

放っておけば、なおるさって
自分のことをなだめすかして
なんとか毎日を超えて来た

でも、そんなある日

あなたが、わたしのそばにきてくれて
わたしの手をそっと握ってくれたとき

その悲しみのカタマリが、すうっと溶けていったんだ

そのとき、謎が解けたんだ

そう、この悲しみは、わけのわからないものじゃなく
あなたとわたしの心をちゃんと結ぶためにあったんだと

悲しくなければ、あなたのあたたかさを感じなかった
悲しくなければ、あなたのやさしさを知らなかった

あなたの言葉がぎゅうっと心にとけていくその瞬間も
ひとつだって、抱きしめられないままだったのだから

だから、まだ心の中に散らばっている
たくさんの理由のない悲しみたちだって

世界のどこかで、誰かとつながっているんだよね
大地の深くで、すべてとつながっていくんだよね

だから、なくそうとせずに、そのままにしておいて
だから、消そうとせずに、そっとそばにおいておいて
だから、捨てちゃわないで、しっかりつかまえていて

いつか巡り逢うあなたとわたしの心がちゃんと結ばれるように

そう、この悲しみの糸を辿ればその先に、
１０００年に一度の幸福な恋が待っている
そんなあなたが今、この世界のどこかにいて

目覚ましの音で飛び起きて
ホットミルクをチンしすぎたり
靴のかかとを踏んだまま
慌てて家を飛び出してること

わたしがまだ全然、知らなくたって

いつか絶対に、絶対に、絶対に、巡り逢えるのだから

なぜなら、幸せになったぶんだけ、たくさんの荷物を持てるから。

世界のどこにいたって、同じだけの重力が、わたしたちひとりひとりの肩にはかかっています。それは、この地球上で暮らしているというだけで、目には見えないひとつの大きな荷物をみんなで分け合って、持っているのだということを教えてくれるかのように。

それぞれに持てる荷物の量は、心の中にある幸福の量に比例しています。

つまり、あなたが幸せであればあるほど、自然と持てる荷物の量も増えるのです。もし、あなたがあまり幸せでなければ、持つことのできる荷物の量もそのぶん減ってしまいます。そして、あなたの周りのひとにその分の負担がかかることになってしまうのです。

また、世界には恵まれない国がたくさんあります。そこで暮らすお年寄りや、小さな子どもたちの荷物を持ってあげられるのは、恵まれた国で何一つ不自由のない暮らしをしているわたしたちだけだったとしても、自分の心が幸せで潤っていなければ、その小さな荷物ひとつさえ持ってあげることができないのです。**だからこそ、まず、自分が今いるこの場所で、幸せになる必要があるのです。そして、幸せでいつづける必要があるのです。**

だって、幸せでいるということはそれだけで、ちゃんと自分の足でこの大地の上に立って、ぐっと踏ん張って、しっかり自分の荷物を持つことができているということだから。そうすれば、あなたの周りのひとは楽になるのです。そして、隣のひとが熱を出したときだって、そのひとの荷物を軽々と持ってあげられるようになるのです。

だから、乙女たちよ、もっと♡もっと♡もっと♡幸せになろう！

そう、今、幸せな気持ちでここにいるということは、ただそれだけで、この地球の上で与えられた自分の役割をしっかり果たしていることであり、まだ顔も見たことのない誰かとつながり合い、ちゃんと誰かの役に立っているということなのです。それは、どんなに大きなことをするよりも、大切なことです。何も特別なことができなくたって、今幸せで、にこにこ笑って暮らしていられたら、それでいいのです。それが、いちばん、いいのです。

『幸せとは欲しいものを得たり、なりたいものになったり、したいことをしたりするところから来るものではなく、今得ているもの、今していることを、あなたが好きになるところから生まれる』

トリーチェ

さあ！
もっと
もっと
もっと
幸せになろう

昨日より、今日が
今日より、明日が
明日より、明後日が

もっと
もっと
もっと

幸せな1日になるように

今日が、今まででいちばん
幸せな1日になるように♡

でも、ほんとうに、ほんとうに、ほんとうに、自分の幸せに一生懸命になっていいの？

わたしも、ずっとそう悩んできました。なぜなら、『まず、相手のことを優先しなさい』って、両親や学校の先生に習ったからです。だから、ずっとその通りにしてきました。

でも……わたしの心のどこかに引っかかっているちいさなちいさな〝わだかまり〟みたいなものは、ずっとずっと、消えませんでした。そう、心のどこかが言っていたんです。

ほんとうに、そのままでいいの？　ただ、誰かに言われたことに従って、窮屈なのに我慢して、辛いのに無理して、このままずっと、自分の〝ほんとのきもち〟を無視していくの？

だから、ちゃんと考えてみようと想ったんです。しっかりと向き合ってみようと想ったんです。誰もが「それは、違うよ！」って言うかもしれないけれど、この〝わだかまり〟だって、何かの意味があるはずだから。そう、わたしの心の中にあるものは、世界中でたったひとり、わたしにしか分からないし、わたしにしか、信じてあげられないものだから。

それから、わたしは考えはじめました。自分の幸せと、みんなの幸せについて。

わたしたちは、ひとりで生まれたわけではありません
お父さんやお母さんから生まれました

わたしたちは、ひとりで大きくなったわけではありません
おじいちゃんやおばあちゃんが育ててくれました

「だれよりも、幸福になって欲しい」と願って

だから、わたしの手には託されているのです
わたしを育ててくれたすべてのひとの
〝幸せになって欲しい〟という願いが

そう、幸せになるということは、自分のためだけではなく
そのひとたちの願いを叶えることでもあるのです

また、自分を大切にしない、幸せを諦めてしまうということは、
そのひとたちの願いを裏切ることになってしまうのです

だから、わたしたちは、幸せでいなくてはならないのです
誰よりも、わたしたちを育ててくれたすべてのひとのために

幸せなら、自然と笑顔になることができます

わたしが笑顔なら、笑顔のわたしを見たひとも、自然と笑顔になります

今日1日の中で、必ず誰かと話をし、誰かとふれあう……
そんなふうにして、わたしたちはいつもつながっているから

ひとりが笑顔であれば、周りに幸せが自然と広がっていくのです

そう、幸せのはじまりは、いつもわたし。

だから、しっかりと今、自分の幸福を抱きしめて
一日一日、ふんわり♥まろやかなきもちで暮らしたら
やがて、おおきな幸せの場所に辿り着くことができます

そこは、みんなの幸福とわたしの幸福がリボンでしっかり結ばれていて
みんなの幸せが自分の幸せのように感じられる、ふんわり♥まろやかな場所

でも、そこに辿り着くまでは自分の幸せという道を歩き続けないといけません

お花だって、種から、少しずつ成長して、花が咲くように
何かのステップをすっとばしていくことはできないのです

だから、無理しなくて、いいんだって
だから、背伸びしなくて、いいんだって

何度も、何度も、自分に言い聞かせながら

そんなあたたかいものを生まれたときから
心の中に、ずっと、持っていると
強く、強く、信じることです

そう、わたしたちの心の中には

たくさんのひとから受け継がれている
たくさんのすてきな宝ものが溢れてる

宝箱があるから、だいじょうぶ！

そのなかに、ちゃんと入ってるよ

誰かをあたためる湯たんぽも
誰かをやさしくつつむ毛布も

もちろん、あなたとわたしの幸福を結ぶ
ふんわり♥まろやかな色の魔法のリボンも

そう、ここにいるということは、ただそれだけで

わたしと会うひとがいるということ
わたしと触れあうひとがいるということ
わたしと手をつなぐひとがいるということ
わたしを好きになるひとがいるということ
わたしを愛してくれるひとがいるということ

そして、わたしが今ここで生きているということは

ただそれだけで、たくさんのひとがわたしを支え
力いっぱい応援してくれているということだから

だから、まず、わたしが幸せでいなければいけないと想うのです

それは、今まで、わたしを育ててくれたすべてのひとのために
それは、今、わたしを支えてくれているすべてのひとのために

そして、これから、わたしと出逢う大すきなあなたのために

『こんにちは。今日は嬉しいご報告があります。昨年の5月くらいに初めてメッセージを送らせていただき、その時、わたしは職場の違う部署の男性に片思いをしていました。一度一緒に仕事をして、素敵だなと思い好きになっていました。友達や同期に相談しアドバイスをしてもらい、思い切ってメールを出してみました。メールが返ってきたのは1ヶ月以上後のことだったんですが……でも、またチャンスが巡ってきて、また一緒にお仕事をすることになりました。その数日後、彼から連絡が来てお話をすることができました。わたしはお会いできるだけでも嬉しかったのに、突然、彼から「連絡をもらっていたのに待たせてしまってごめんね。好きです。結婚を前提にお付き合いしてください！」と。わたしはびっくりしてしまって一瞬呆然としてしまいましたが、次の瞬間、「よろしくお願いします。大好きです！」と言っていました。素直に出てきた言葉だったと思います。今まで彼のことを信じてきて、ご本の中に書かれていることを心がけてきて、本当によかったなと感じた瞬間でした。そして、この本に出会えたことに感謝します。ありがとうございます。

最後に。世界中の皆様に幸せが訪れますように！』

（ブログに届いたメッセージから一部編集し、掲載させていただきました）

乙女ボイス。

きっと、ずっとひとりぼっちだったから

大切なものなんて、どこにもないと想っていた
守るべきものなんて、どこにもないと想っていた

だけど、ある日、あなたがわたしの前に現れて
わたしのことを抱きしめてくれたそのときに

わたしの中で凍りついていた何かが
ゆっくり溶けはじめたんだ

ただ、息をして
ただ、ここにいる

ただ、それだけのわたしなのに

あなたは、わたしを抱きしめて
「あたたかいね」って言ってくれたから

そのとき、想ったんだ

こんなわたしの中にだって
あたたかい場所があるなら

しっかり守って
しっかり育てて
しっかり愛して

いかなくちゃって

甘えたいのに
素直になれなくて

寂しがりやの上に
泣きむしで

生意気プラス
わがままで

ほんとは弱いのに
カッコばかりつけて

ちょっと面倒くさいけど

でも、それでも……

こんなわたしと、一生懸命
付き合っていかなくちゃね
それでも、愛想つかさないで
それでも、諦めないで

一生懸命、仲良くしていかなくちゃねって

『わたしの小さな奇跡の話をきいて下さい！
朝、５歳の娘を幼稚園におくりだす時、娘がさざんかの花びらが道路に落ちているのを見て、「あっ、ママ、ハ～ト型♡」って指差したんです。
みると深紅の花びらがホントにきれいなハート型で、わたしは、ほんのちょっとうれしくなったんです。
わたしはその日、いつもよりほんのちょっとオシャレをしてブラブラっと車を走らせました。そして、たまにいくカフェでおいしくランチを食べ終わった後、出て来たカフェラテがハートマーク！　に生クリームがデコされていました。今日はハート続きだ！　とうれしくなったわたしが車で本屋さんに行くと、大好きな魔法のプリンセスレッスンシリーズの新刊が置いてあったんです！

そして、本を開くと、あたたかいきもちがあとからあとからわいてきて
……涙が出ました。ききおわったあと、ふと外を見ると今年初めて見る雪がちらちら。なんか、小さなことひとつひとつがつながっているよって言ってくれているみたいで、すっごくうれしかった。

何度も何度も涙を流して、出口なんてないようなトンネルの中を一人で歩いて、でもわたしはいつも見守られている、いつも愛されてる、わたしの中にはこんなにも愛があるって、感じました。

うれしい、うれしいって思っていると、友人から「今日はこんなステキなコトがあったよ」って、メールが届きました。うれしいうれしいって思っているとうれしいコトとつながるんですね！』

（編集部に届いたお便りの一部を編集し、掲載させていただきました）


乙女ボイス。

そうそう、あのプリンセスはどうなったかって?

いろいろなことをのりこえ、
世界一!・かわいいプリンセスは、
誰もがうらやむ王子様に
見惚められ、最高に幸福な
結婚をし、末ふくしあわせに
暮らしましたとさ。

本屋さんでその本に出会ったその日から
プリンセスは、その本の中に書かれていた
乙女れしぴを毎日少しずつ使ってみたのです

無理せずに、できるときだけ、ちょっとやる♪
我慢せずに、できないときは、ちょっと休む♪

そうすると、少しずつたまごのカラはやわらかくなり、
プリンセスの美しいガラスの靴の輝きがあふれだし、
願ったことがどんどん天に届くようになりました

すると、今までずっと叶わなかったことが、
次から次へと叶うようになったのです！

問題や悩みで押しつぶされそうだった毎日に
いいことがたくさん起こるようになったのはもちろん、

プリンセスをいちばん幸せにするすべてのものが
運の風に乗って、次から次へと届けられるようになりました

ずっと夢にみていたすてきな恋も♡
お城のように立派なマンションも♡
小さなころから憧れていた仕事も♡

願っていたものすべてを手に入れ、
プリンセスの心の中は幸せで満ちあふれ
いつの日も笑顔でいられるようになりました

プリンセスを遠くから見守っていた両親も、
娘の幸せそうな姿を見てほっと胸をなでおろしました

『あのときは心配したけれど、よかったわ。
この子はこれで、ずっと続く幸福を
手に入れることができたのだから』

たとえ、どんなに大きな幸福を手に入れても
自分が悩んでいた日々の想いを忘れることなく
本に書いてあることを何度も何度も思い出しながら

誰にでもあたたかく丁寧に接するそのやさしさは、
プリンセスのガラスの靴を、ますます輝かせ……♡

そして、それから3年後の春

プリンセスがあの日、一生懸命描いた
〝世界でいちばん♡すてきな物語〟が叶ったのです！

そう、プリンセスは、
世界でいちばん彼女を愛する
最高の王子様と出逢い、結ばれました

そうそう、ふたりの新居には、こんな貼り紙が……♡

乙女の格言♥

お嫁に行きたいくらいすてきな男性と出逢ったら、
とびきりお料理上手になりなさい。そうすれば、
彼の胃袋をつかんで離さない女性になれるから♥

特大サイズのスペシャルな幸福を手に入れたいのなら、
5つの乙女れしぴを覚えなさい。そうすれば、
幸運の胃袋をつかんで離さない女性になれるから♥

それから、１００歳のおじいちゃんとおばあちゃんになるまで
プリンスとプリンセスは、いつまでも幸福に暮らしましたとさ。

そんな…♡あなたこそ
100才超えても男前よ♡
ばあさん100才に
なってもきれいだよ♡
ぼくは年をとらないんだ♡

大すきなみなさまへ

いつもあたたかいお便りを贈ってくださり、ほんとうにありがとうございます。
皆様からのあたたかくやさしい言葉、そして"こんないいことがあったよ…"と
いうご報告は、わたしにとって世界でいちばんうれしいプレゼントです。
今回のご本は、いつもわたしのことを支え、励ましてくださる皆様に、
もっともっと喜んでほしくて、もっともっと笑顔になってほしくて、一生懸命
つくりました。何度も、何度もくじけそうになりましたが、そんなときは
いただいたお便りを読み返し、それを励みにして、また歩き出すこと
ができました。皆様がいつもわたしにそうしてくださるように、この本が
皆様の毎日を少しでも幸せにつつみ、辛いとき、悲しいときには、そっと側
で支えられる存在になることができたなら、こんなに幸福なことは、
ありません。
最後に、この本を誕生させるまでに、大変お世話になりました、
たくさんの方々をご紹介させていただきたいと想います。

まずはじめに、藤原政則さん、デザイナーの大久みなさん、片岡亜砂さん、
カメラマンの尾山祥子さん、製作の樋口洋一郎さん、山崎和史さん、
中嶋一宏さん、倉上実さん、林景子さん、並木誠さん、西田恭子さん、
そして、いつもわたしのことをあたたかく見守ってくださる土屋俊介部長、
たくさんのわがままを広い心で受け入れてくださる遠藤励起編集長、
また、日々続く作業の場所を貸してくださったムー編集室の皆様、
ほんとうに、ほんとうにありがとうございました。
ラジオ番組「Saturday Night 30♡」で一緒にパーソナリティーを務めさせて
いただいている福原裕一さん、ファンクラブの会長を務めてくださっている
樽奈都記ちゃん、樽佳枝さん、愛さん、美帆ちゃん、聖子さん、彩さん、
友貴さん、みどりさん、佳菜子さん、華菜さん、葵さん、琴美さん、百合さん、
千絵さん、たから、二友ちゃん、慶子ちゃん、佳子、麻理恵ちゃん、加奈子ちゃん、
いつもわたしをやさしくつつんでくださる高田みよこ先生、小春先生、里恵さん、
心強い味方であるYANAGIMANさん、後藤英やさん、西浦孝次さん、
小松由和先生、水越太仁先生、心からありがとうございます。
吉田さん、京子さん、なっちゃん、いつも美味しいご飯をありがとうございます。

お父さん、お母さん、いつも大きな愛で包んでくれて、ありがとう。

おじいちゃんおばあちゃん、いつも大きなやさしさで守ってくれて、ありがとう。

わたくしが今、こんなふうに本を書かせていただくことができるのは、大きな大きな愛に支えられてきたからだと想います。

そして、妹の里紗ちゃん、いつもたくさんの幸せをありがとう!

いつも支えてくださるファンのみなさま、ありがとうございます。

たくさんのたくさんの大きな愛を支えにして生まれたこのご本が大好きなあなたに最高の幸福を贈ることができますように…♡

二〇一〇年二月 吉日
心からありがとうを込めて♡

上原愛加

CONGRATULATIONS!

Congratulations!

Congratulations!

乙女ボイス大募集!!

『魔法のプリンセスレッスンシリーズ』を読んで
"こんないいことが起こったよ!" "こんな工夫をして
実践中だよ♪"という皆様の体験談と
お便りを大募集いたします。宛て先は、
コチラです♡

〒141-8510
東京都品川区西五反田2-11-8-16F
株式会社 学研パブリッシング
教養実用出版事業部内
『魔法のプリンセスレッスン』事務局

あなたのお便り待っています♡

DTP／藤原政則　写真撮影／尾山祥子

これで、あなたの運命がキマル！　史上最強の乙女のバイブル。

2010年3月23日　第1刷発行
2010年4月30日　第3刷発行

著　　者　上原愛加
発 行 人　土屋俊介
編 集 人　土屋俊介
企画編集　遠藤励起
発 行 所　株式会社　学研パブリッシング
〒141-8510　東京都品川区西五反田2-11-8
発 売 元　株式会社　学研マーケティング
〒141-8510　東京都品川区西五反田2-11-8
印 刷 所　中央精版印刷株式会社

この本に関する各種のお問い合わせ先
○電話の場合、編集内容については、☎03-6431-1473（編集部直通）○在庫、不良品（落丁・乱丁）については、☎03-6431-1201（販売部直通）○学研商品に関するお問い合わせは、☎03-6431-1002（学研お客様センター）○文書の場合、〒141-8510 東京都品川区西五反田2-11-8　学研お客様センター『これで、あなたの運命がキマル！　史上最強の乙女のバイブル。』係

※本書の中で紹介されているエピソードの中に出てくる"この本"とは、『魔法のプリンセス レッスンシリーズ』（学研パブリッシング刊）のすべての本のことです。

祝!! しあわせ♥乙女掲示板。

幸福は、幸福を呼ぶ!!

乙女ニュース!
7

『ちょっと時間を置いて、
また最近読み出したんです。
以前と違って、
ぐんぐん私の中に吸収されている感じで、
「ふんわりまろやか」でいたら
色んなミラクルが起こり始めました』
(読者の方のお便りより一部掲載)

王子様に出逢う
運命の場所への招待状。

乙女ニュース!
9

『昼に読んで実践し始めたら、
夕方には
ずっと連絡を取ってなかった友達から
同窓会の誘いがありました。
でもその日はちょうど
行けない日でした。
------が日にちの変更
(しかも私が行ける日)
になったんです!!
すごいですね、プリンセスパワー☆
しかも、新しいお仕事も増えました!』
(読者の方のお便りより一部掲載)

Congratulations!!

夢にみた、信じつづけた
ミラクルロマンスが叶う瞬間♡

みんなでお祝いしよう!!